W0067286

# Marseille

Klaus Simon

Diese Symbole im Buch verweisen auf den großen Cityplan!

**DUMONT**

**direkt**

# Bienvenue – Willkommen

# 15 x Marseille direkt erleben

# Zu Gast in Marseille

# Bienvenue – Willkommen
## Mein heimliches Wahrzeichen

Der Provence-Dichter Marcel Pagnol hat die Fähre durch den Vieux Port literarisch verewigt. Krimiautor Jean-Claude Izzo war Stammgast an Bord, und die Marseillais lieben es inbrünstig: Le Ferry-Boat. Das Pendelbötchen namens César tuckert von der barocken Pracht des Hôtel de Ville am Quai du Port rüber zur umtriebigen Place aux Huiles am Quai de Rive Neuve. Und wieder zurück, und von vorn, eine 206 m lange Reise durch das Becken des Vieux Port, die Wiege der Stadt, wie gemacht für alle Ewigkeit. Umso größer war 2008 die Bestürzung, als die betagte, 50 Passagiere fassende Fähre endgültig den Dienst quittierte. Zwei Jahre später nahm das neue Boot Fahrt auf. Genauso lang wie die gute alte César ist es, jedoch im hypermodernen Design, ein Vehikel, das Tradition und Innovation verbindet, so wie Marseille selbst.

# Erste Orientierung

## Am Kai

Ein Marseille-Besuch beginnt unweigerlich am **Vieux Port,** der Keimzelle der Stadt. Seit 2600 Jahren dreht sich das Leben hier um den alten Hafen. Die Kais bilden eine Open-Air-Bühne, auf der die menschliche Komödie als Dauerinszenierung läuft. *Tout Marseille* zeigt sich im Lauf des Tages. Küsschen links, Küsschen rechts, der Aperitif steht auf dem Cafétisch, die Stühle sind in Richtung Sonne ausgerichtet. Die wichtigsten Sehenswürdigkeiten liegen in Fußnähe des alten Hafens, konzentriert auf das erste bis siebte Arrondissement.

Von Arrondissements aber sprechen die Marseillais nur selten, von den *villages,* den 170 Dörfern der Stadt, schon eher. Angesichts der Topografie und Weite der Stadt ist es für den Besucher anfangs nicht ganz einfach, sich zurechtzufinden. Manche Dörfer liegen auf einem Hügel, andere verstecken sich in einem Tal. Im vielleicht schönsten Fall liegt das Viertel *pieds dans l'eau,* mit den Füßen im Wasser. Soll heißen: direkt am Meer.

## Links und rechts der Canebière ▶ E–G 7

Gebieterisch teilt Marseilles Renommiermeile Canebière die Stadt in eine Nord- und in eine Südhälfte. Wuchtige Second-Empire-Fassaden bestimmen den breiten Boulevard, der in seiner heutigen Form erst 1928 vollendet war. Auf der Nordseite liegt das **Belsunce**-Viertel, einst wichtigster Textilmarkt der Provence. Noch immer trifft man viele Schmuck- und Textilhändler, die in der Regel nur en gros verkaufen und die immer öfter aus Asien statt wie einst aus Nordafrika stammen. Aber das Viertel wird hip und zieht heute junge Kreative an.

**Noailles** liegt auf der Südseite der Canebière. Man taucht in eine exotisch fremde Welt ein: Afrika und die Provence treffen sich an den Ständen des Capucins-Marktes.

Nobel wirkt **Longchamp-Cinq-Avenues.** Der Boulevard de la Libération führt als Verlängerung der prächtigen Canebière schnurstracks auf das mit Kolonnaden und Wasserspeiern aufgedonnerte Palais de Longchamp zu. Das Viertel rundherum entstand ab 1830 mit Bürgervillen und repräsentativen Avenuen.

## Nördlich vom Vieux Port
▶ D/E 6/7

Treppen und Passagen überziehen den **Panier**-Altstadthügel. Schwer vorstellbar, dass es dem Besucher in der »uferlosen Anhäufung von Stufen, Bögen, Türmchen und Kellern« so ergehen könnte wie von Walter Benjamin überliefert: Ein neugieriger Gaffer wurde von den Damen des damaligen Rotlichtbezirks so lange drangsaliert, bis sein Hut als Trophäe in ihren Händen landete. In den malerischen Gassen siedeln sich heute Kunsthandwerker an.

Zu Füßen des Hügels bildet die Place de la Joliette mit den ehemaligen **Docks** das Epizentrum des städtebaulichen Großprojekts Euroméditerrannée. Mit Blick auf die Hafenbecken bauen Stararchitekten von Jean Nouvel bis Zaha Hadid hier an Marseilles neuer Seefront. In weiten Zügen vollendet ist die Sanierung der **Rue de la République,** hinter deren prachtvollen Second-Empire-Fassaden sich die üblichen Verdächtigen unter den weltweit vertretenen Jeans- und Modeketten ausbreiten.

## Südlich vom Vieux Port

▶ D/E 7–9

Sowohl das **Quartier de l'Opéra** als auch das **Carré Thiars** sind im Schachbrettmuster angelegt, doch während rund um die Oper Marseilles wichtigste Einkaufsmeilen verlaufen, punktet das an den Vieux Port grenzende Carré Thiars mit der höchsten Restaurantdichte der Stadt. Wie eine italienische Piazza wirkt mittendrin der Cours d'Estienne d'Orves.

Vom Pomp des Second Empire zeugt die 1861 errichtete **Préfecture.** Großbürgerliche Allüre verströmt die Banque de France an der nahen Place Estrangin. Den Geschmack der Bourgeoisie trifft auch das Quartier des Antiquaires hinter der Préfecture. Das bourgeoise Viertel rund um den **Palais de Justice** liegt im Schatten der Kathedrale **Notre-Dame-de-la-Garde.** Steil steigen die Treppen zum 162 m hohen Hügel an, auf dem die ›bonne mère‹, die gute Mutter, der Marseillais thront.

## Viertel am Meer ▶ B–D 8–11

Vorbei an Buchten, Villen und Stränden führt die Uferstraße **La Corniche** wie ein kilometerlanger Balkon in Richtung Süden. Auf Höhe des **Borély-Viertels** ist mit dem Aushub für die Metro ein kalifornisch anmutendes Strandparadies entstanden, das Surfer, Skater und Sonnenanbeter anzieht.

Cabanons, die für Marseilles südöstlichste Viertel typischen, eingeschossigen Häuschen, säumen die Gassen von **Les Goudes.** Das Fischerdorf mit den Felszacken des Massif de Marseilleveyre im Rücken markiert den Beginn der **Calanques.** Bis ins 20 km entfernte Cassis reiht sich eine naturbelassene Felsbucht an die nächste, verbunden durch einen Küstenwanderweg.

Das ehemalige Fischer- und Arbeiterdorf **L'Estaque** ist heute Marseilles nordwestlichstes Arrondissement. Den proletarischen Charme der Gassen und ehemaligen Ziegeleien hat Robert Guédiguain filmisch (»Marius und Jeanette«) verewigt. Dem Charme des Örtchens erlagen Ende des 19. Jh. auch Braque, Cézanne, Dufy, Renoir: Impressionisten, Fauvisten, Kubisten bildeten in L'Estaque eine Künstlerkolonie.

**Aus der Vogelperspektive: Blick auf den Panier**

# Schlaglichter und Impressionen

## Die Stadt der 170 Dörfer

Marseille zählt 170 *villages*, behaupten die Marseillais. Gemeint sind die *quartiers* (Viertel) der gut 1,3 Mio. Einwohner zählenden Hafenstadt. Jedes für sich ist eine eigene Welt, geprägt von Armeniern, die vor den Osmanen, Spaniern, die vor Franco, oder Italienern, die vor Mussolini geflohen sind. Hinzu kommen *Pieds noirs* (aus den ehemaligen französischen Kolonien in Nordafrika Zurückgekehrte), Juden aus Djerba, Maghrebiner, Schwarzafrikaner – und nun Pariser, die Marseille sehr angesagt finden.

Seit 2600 Jahren nimmt Marseille jeden freundlich auf. Fußballlegende Zinédine Zidane wurde 1972 als Sohn algerischer Einwanderer in einer nördlichen Trabantenstadt geboren und zählt heute zu den Ikonen der Stadt. Die Gabe, Fremde zu integrieren, hat eine lange Tradition. Schon die Stadtgründer waren Zuwanderer: Griechen aus Kleinasien haben um 600 v. Chr. auf dem Panier-Hügel ein Handelskontor gegründet, das sie Massalia nannten, woraus Marseille wurde.

## Vergangenheit und Zukunft am Wasser

Vor 20 Jahren stand der Vieux Port für schmuddelige Kais, aufdringliche Straßenhändler, zweifelhafte Angebote. Kreuzfahrtschiffe legten aus Angst um ihre Passagiere lieber im Nachbarhafen L'Estaque an. Containerschiffe steuerten die hypermodernen Kais von Fos an der Rhône-Mündung an, weil Marseille den Ausbau für die neue Generation der Megatransporter verschlafen hatte. *Fini.* Dealer und Schlepper sind aus den Innenstadtvierteln verschwunden. Der Vieux Port ist schick geworden. Auf den Terrassen am Quai de Rive Neuve trinkt man Pastis, öfter noch bunte Cocktails, bevor es in ein trendiges Bistro mit Blick auf den Mastenwald der Jachten geht.

Weiter nördlich, wo die Fähren nach Korsika oder Nordafrika anlegen und die weißen Gebirge der Kreuzfahrtschiffe vor dem Tintenblau der See blitzen, ragen Kräne in den Himmel. Baulöcher sind so groß wie Vulkantrichter. Wo früher Kolonialwaren in die Speicher gelöscht wurden, unterzieht sich die Stadt einem radikalen Facelifting. Stararchitekten von Jean Nouvel bis Zaha Hadid bauen an Marseilles *Façade maritime*, der neuen Seefront. Noch lässt sich die zukünftige Skyline nur erahnen. So viel ist jedoch sicher: Ein weiteres *village* in der ›Stadt der 170 Dörfer‹ wird es nicht.

## Marseille 2013: ›capitale européenne de la culture‹

Die Kulturstadt Europas heißt 2013 Marseille! Als solche wird Marseille sich als Brücke über das Mittelmeer und Vermittler zwischen den afrikanischen und europäischen Anrainern präsentieren. Überall wird gebaut, saniert, geputzt, um die Stadt bis zum Startschuss im günstigsten Licht zu präsentieren. Wozu auch die bis dahin weitgehend abgeschlossene urbane Erneuerung im Rahmen der Euroméditerranée-Kampagne (s. S. 60) gehört. An die 700 Events werden die Kulturhauptstadt und ihre Besucher auf Trab halten, viele davon finden im Freien, auf den Plätzen und am Meer statt.

## Trendsetter Marseille

Pop made in Marseille stürmt die französischen Charts. Mode aus Marseille ist auch an der Seine ein Begriff, und Designer aus der Hafenstadt machen außerhalb Frankreichs Karriere. So wie Marine Peyre, die mit dem Label »Cooked in Marseille« beweist, dass Kitsch und Knallbuntes, für die der Marseillais ein großes Herz hat, international konkurrenzfähig sind. Die Möbel- und Objektdesignerin hat stapelbare Liegen aus Polyurthean und Café-au-lait-Tassen aus Silikon entworfen, die vom MoMA in New York bis zum Vitra Design Museum in Weil am Rhein ausgestellt wurden. Marine Peyre ist kein Einzelfall, wie etwa der Schmuckdesigner André Gas weltweit mit seinen Filialen ebenfalls beweist. Auch Madame Zaza de Marseille steht für den Aufbruch der Stadt. Das flippige Designlabel setzt mit flirrenden Farben und glänzendem Satin in ganz Frankreich Trends.

## Filmreifer Immobilienboom

Jede Woche schalten ein paar Millionen Franzosen von Montag bis Freitag auf FR3 um, wenn um Punkt 20.20 Uhr die neueste Episode von »Plus belle la vie« läuft. Für eine halbe Stunde steigt die Spannung. In Frankreichs erfolgreichster Serie geht es um Liebe, Verrat, das kleine Glück, die große Schurkerei. Vor allem aber es geht um Marseille. Gedreht wird die Serie in Studios, die im Zuge des Euroméditerranée-Projekts in einem stillgelegten Industriegelände entstanden sind. Apropos Studio: Marseille ist nach Paris Nummer zwei im Land, was Filmdrehs fürs Fernsehen oder die Leinwand angeht. 150 Drehs fanden hier 2005 statt – 1996 waren es ganze 25.

Von der Medienpräsenz angelockt, zogen und ziehen Künstler, Intellektuelle und Freiberufler aus Paris und anderen Landesteilen nach Marseille oder machten aus der Stadt ihren Zweitwohnsitz. Prompt stiegen die Immobilienpreise. Der klassische Neubürger ist Freiberufler, Beamter oder mittlerer Angesteller, 35 Jahre alt, kommt in der Regel nicht aus Marseille und wäre noch vor wenigen Jahren nach Aix, der bourgeoisen Erzrivalin im Norden, gezogen. *Fini.* Heute zieht man nach Marseille. Die Mischung aus 300 Sonnentagen pro Jahr und einem Hauch Verruchtheit zog, der TGV machte das Pendeln ans Mittelmeer möglich. Flott wie der Hochgeschwindigkeitszug stiegen die Immobilienpreise. Auch darum geht es in »Plus belle la vie«.

## Marseille-Krimis

Drei Krimis von Jean-Claude Izzo (1945–2000) haben als »Marseille-Trilogie« Furore gemacht: Izzo erzählt, wie der Polizist Fabio Montale am Job verzweifelt (»Total Cheops«). Im zweiten Buch gibt er die Dienstmarke ab (»Chourmo«). Am Schluss siegt er über das Verbrechen – und bleibt auf der Strecke (»Solea«). Vor dem Hintergrund von Korruption, Mafiakrieg und Ausländerhass schreibt Izzo ein Hymne auf die Schönheit von Marseille. Die drei Bücher wurden mit Alain Delon in der Hauptrolle fürs Fernsehen verfilmt. Für die Übersetzungen gab's 2001 den Deutschen Krimi-Preis.

## Baden gehen

Badezeug gehört von Mai bis Oktober in das Gepäck einer Marseille-Reise: Viel wurde in den vergangenen 20 Jahren zur Hebung der Wasserqualität unternommen. In Marseille entstanden die modernsten Kläranlagen des gesamten Mittelmeerraums – die blaue Flagge für gute Wasserqualität flattert seitdem an den Hausstränden der Großstadt. Fazit: Neben den bewirt-

# Schlaglichter und Impressionen

schafteten Stränden längs der Corniche locken die Naturstrände in den Calanques mit glasklarem, karibisch blauem Wasser.

## Dresscode

Bikini oder Badehose gehören an Strand und Pool, nicht jedoch in Hotellobby oder Straßencafé. ›Oben ohne‹ schockiert am Strand niemanden mehr, nackt zu baden gehört sich jedoch nur in einigen Calanques. Shorts sind für den Herrn im Strandrestaurant zulässig. In guten Restaurants wird dagegen *tenue correcte* erwartet, lange Hosen also. Auch einige Diskotheken schreiben korrekte Kleidung vor. Die Zeiten, in denen man in Jeans und Turnschuhen automatisch am Türsteher gescheitert ist, sind jedoch vorbei. Marseille ist Frankreichs Streetwear-Metropole und Labels wie ›La Sardine méchante‹ oder ›Tcheka‹ sind längst überall salonfähig. Wird man zum Essen im Privatkreis eingeladen, entscheidet jedoch der Anlass über die Garderobe – sich herauszuputzen ehrt allemal die Gastgeber.

## Mentalität

Sonne und Hitze prägen das Gemüt. Alles verlangsamt sich mit steigenden Temperaturen. Man arbeitet bevorzugt in den kühlen Morgenstunden, genießt die vergleichsweise frischen Abende. Der Marseiller Sprachwitz ist ausgeprägt. Man scherzt gern, zu jeder Gelegenheit, über Gott, die Welt und sich selbst. Hinzu kommt eine alle Alltagssituationen begleitende *convivialité*. Mit »vergnügter Gesellschaft« ließe sich diese Urtugend des Südens vielleicht am ehesten übersetzen. Gemeint sind ein freundliches »Ça va?«, eine heitere Tischrunde oder der gemeinsam getrunkene Pastis, mit denen man sich den Alltag versüßt. Dass die Pünktlichkeit dabei ein wenig auf der Strecke bleibt, sollte man akzeptieren. *Faire la sieste* – eine ausgedehnte Mittagspause zu machen, zählt zu den heiligen Riten. Was bedeutet, dass manche Hotelrezeptionen zwischen 13 und 16 Uhr verwaist, die Rollläden an vielen kleinen Läden runtergehen und das Leben für ein paar heiße Stunden ganz langsam verläuft. Ein Wort noch zur *grande gueule* der Marseillais: Ja, doch, die Bewohner dieser Stadt haben eine große Klappe, stellen sich wortgewaltig dar, preisen Marseille als die wichtigste Metropole schlechthin … Mit etwas Humor lässt man sie gern gewähren. *Boudiou!* – Na also!

## Aperitif

Umgangssprachlich ›l'Apéro‹ genannt und eine heilige Institution. Wer sich wie *tout Marseille* so ab 18 Uhr zum Aperitif trifft, bringt etwas Zeit mit. Die Betonung liegt auf ›etwas‹: Man trinkt ein Glas zusammen und achtet tunlichst darauf, sich rechtzeitig wieder zu verabschieden – schließlich wollen alle noch zu Tisch. Die begehrtesten Plätze für den Apéro liegen am Vieux Port. Ortskundige wissen genau, wo und wann die Sonne auf den Caféterrassen steht. Faustregel: Abends steht die Chance auf ein paar Strahlen am besten längs von Quai du Port und Quai des Belges.

## Pastis

Pastis ist provenzalisch und bedeutet Mischung. Er setzt sich zusammen aus grünem Anis, Lakritz, Fenchel, Muskat, Vanille, Zimt, Zucker und 45-prozentigem Alkohol. So schreibt es das Rezept vor, mit dem Paul Ricard in den 1930er-Jahren von Marseille aus die Bars der Provence und später der Welt eroberte. Zur Orientierung: Eine Momie (Mumie) ist ein winziges Gläschen Pastis, ein Perroquet (Papagei) eine Pastis-Minz-

Sirup-Mischung, eine Tomate eine Mischung aus Pastis und Granatapfelsirup, eine Mauresque (Moriske) eine Mischung aus Pastis und Mandelmilchsirup.

### Pétanque

Das Spiel, bei dem es darum geht, die 650–800 g schwere Stahlkugel aus einer Entfernung von 6 bis 10 m einem Buchsbaumkügelchen (*le cochonnet*, dt.: das Schweinchen) möglichst treffsicher hinterherzuwerfen, ist Volkssport. La Ciotat behauptet für sich, dass die heutige Variante des Spiels 1907 in dem Hafenstädtchen östlich von Marseille erfunden wurde. In Marseille aber werden im Musée Borély Steinkugeln ausgestellt, mit denen schon die griechischen Stadtgründer auf ›Schweinchenjagd‹ gegangen sein sollen. Einerlei: *Carreau* heißt der Treffer, bei dem die im Weg liegende Kugel der gegnerischen Mannschaft mit lautem Klacken weggeräumt wird.

### Kulturszene Marseille

Feste, Festivals und Sportveranstaltungen nehmen fast das ganze Jahr über den öffentlichen Raum in Beschlag, inklusive der Strände. Man ist angesichts von 300 Sonnentagen im Jahr gern draußen, zeigt sich noch lieber und feiert ausgiebig. Kein Wunder, dass auch ein Open-Air-Kinofestival veranstaltet wird. Abgesehen davon zählt Marseille zehn Kinos, davon neun mit mehreren Sälen. Das ganze Jahr über werden Sonderaktionen mit ermäßigtem Eintritt veranstaltet, etwa der »Printemps du Cinéma« im Frühling oder das »Cinéstival« im Sommer.

Auch die Theater- und Konzertszene ist reich. Neben den großen Häusern, die landesweit mit anspruchsvollen Aufführungen und Bühnenstars von sich reden machen, gibt es viele, teils winzi-

Pastis – mehr als nur ein Getränk

ge Privattheater. Die Atmosphäre ist familiär und mangelnde Sprachkenntnisse sind angesichts der teils turbulenten Darbietungen ein geringes Problem. Dasselbe gilt für eine französische Besonderheit, das Café-Théâtre. Gemeint sind Kleinkunst- und Kabarettbühnen mit größtenteils humoristischem Programm. Der Clou: Vor, während oder nach der Vorstellung kann man etwas essen oder trinken.

### Sprache

Fremdsprachenkenntnisse darf man im Hotel oder Restaurant nicht voraussetzen – Deutsch erst recht nicht. Ein paar Brocken Französisch helfen, Speisekarten und Straßenschilder zu verstehen, und steigern die Geduld des Gegenübers. Lauthalses Bestehen auf der eigenen Landessprache gilt als Fauxpas und führt zu nichts – außer, dass einem die kalte Schulter gezeigt wird. Selbst im Französischen geübte Reisende haben manchmal ihre liebe Mühe, den

## Daten und Fakten

**Bevölkerung:** Mit 839 000 Einwohnern ist Marseille (nach Paris und vor Lyon) Frankreichs zweitgrößte Stadt. Mit dem kommunalen Verband Marseille-Provence-Métropole steigt die Zahl auf 1,2 Mio. Einwohner. Die Stadt kennzeichnet ein klares Nord-Süd-Gefälle zwischen reichem, bürgerlichem Süden und armem Norden mit Trabantensiedlungen (140 000 Menschen mit Einkommen unterhalb der Armutsgrenze) und hohem Ausländeranteil (u. a. 80 000 Algerier, 10 000–15 000 Senegalesen). In den vergangenen zehn Jahren gewann die Innenstadt deutlich an Einwohnern zurück, dies vor allem durch relativ gut verdienende Zuzügler aus dem Raum Paris und dem Norden des Landes.

**Religion:** Mehrheitlich katholische Bevölkerung mit 150 000–200 000 Muslimen (50 Moscheen), 70 000–80 000 Juden (40 Synagogen), 25 000 Buddhisten (sieben Tempel)

**Fläche:** 214 km$^2$, davon 100 Naturräume; 3320 Einw./km$^2$

**Küste:** 57 km Länge, davon 24 km in den Calanques

**Verwaltung:** Frankreich ist in 95 Departements und 20 Regionen aufgeteilt. Marseille ist Hauptstadt des Departements Bouches-du-Rhône und zugleich Sitz des Conseil Régional (gewähltes Regionalparlament) der Region Provence-Alpes-Côte d'Azur mit 4 305 000 Menschen (7,6 % der französischen Bevölkerung). Die Stadt ist in 16 Arrondissements (Bezirke) unterteilt.

**Politik:** Bürgermeister ist seit 1995 Jean-Claude Gaudin vom Rechts-Mitte-Parteienbündnis UMP. Nächste Kommunalwahl 2014.

**Wirtschaft:** Der Port autonome de Marseille (PAM, inkl. Fos-sur-Mer und Port-Saint-Louis-du-Rhône) ist mit 10 000 ha Frankreichs wichtigster Fracht- (2007: 96,4 t Warenumschlag) und drittwichtigster Passagierhafen (2007: 430 000 Kreuzfahrtpassagiere). Der Flughafen empfängt gut 6 Mio. Besucher pro Jahr. Drei von vier Arbeitsplätzen entfallen auf den Tertiärsektor (Handel, Tourismus). 85 000 Arbeitsplätze stellt der öffentliche Dienst. Arbeitslosenquote: 11,1 % (3. Quartal 2008, Landesdurchschnitt 7,3 %).

Marseiller Akzent zu verstehen. Macht aber nichts, sprachlicher Snobismus wie etwa in Paris wird von den Marseillais nicht gepflegt und dank des unverwüstlichen Humors lösen sie jedes Verständigungsproblem.

### Umwelt

Die ersten Maßnahmen, den einst tosenden Individualverkehr in der Stadt einzudämmen, gehen auf die 1970er-Jahre zurück. Die erste U-Bahn-Linie wurde gebaut. Ebenso wichtig: Aus dem Aushub für die Tunnel wurden an der Corniche großzügige Parkanlagen inklusive der öffentlichen Strände Les Plages du Prado angelegt. Seither hat die Stadt die Grünflächen stetig erweitert. Der zuletzt eröffnete Park ist der 2004 vollendete Parc du 26e Centenaire im Süden von Marseille.

Ebenfalls zwischen 1970 und 1980 wurden die damals modernsten Kläranlagen des gesamten Mittelmeerraums geplant und bis in die 1990er-Jahre realisiert. Seither ist die Wasserqualität an den Stränden der Großstadt gut, der Sprung in die Fluten unbedenklich. Im selben Jahrzehnt entstanden auch die ersten verkehrsfreien Zonen, allen voran die Rue St-Ferréol, die Gassen um die Halle Puget und das Carré Thiars. Nahezu verkehrsfrei wegen der vielen Stufen und Stiegen ist ohnehin der Panier. Wo immer es möglich ist, zirkulieren Minibusse, um die Mobilität der Bewohner zu grantieren.

Apropos Mobilität: Die 2008 in Betrieb genommene neue Straßenbahn, für die der Autoverkehr auf der Canebière zwei Spuren abtreten musste, ist ein voller Erfolg. Neue Linien sind bereits im Bau. Vor Kurzem auf das Fahrrad gekommen ist Marseille ebenfalls. ›Le Vélo‹ heißt das gut organisierte städtische Radleihsystem. An 130 festen Ausleihpunkten stehen 800 Räder zur Verfügung. Gleichzeitig wird das Radwegenetz ausgebaut: Längs der Corniche zieht sich die Radpiste vom Alten Hafen bis fast in die Calanques.

Stichwort Calanques: Die größtenteils unbesiedelten Buchten im Südosten der Stadt stehen unter strengem Naturschutz und sind bis auf wenige Ausnahmen komplett autofrei. Bei erhöhter Waldbrandgefahr werden sogar die Wanderwege längs der Klippen und im dahinterliegenden Bergmassiv gesperrt. Durch diese rigorosen Maßnahmen können die teils endemische Flora und die Artenvielfalt an Vögeln bewahrt werden.

## Wappen und Wahrzeichen

*La croix d'azur*, ein azurblaues Kreuz vor silberweißem Hintergrund, ist das offizielle Wappen der Stadt. Das Kreuz symbolisiert die Kreuzzüge der französischen Krone im Heiligen Land, die im Mittelalter von Marseille aus ihren Anfang nahmen. Die erste Version des symbolträchtigen Kreuzes geht auf das 13. Jh. zurück und taucht in einer Akte des damaligen Bürgermeisters auf. Im Laufe der Jahrhunderte wurden dem schlichten Kreuz je nach Laune des Graveurs Engel, Jakobsmuscheln, Stadtschlüssel oder Lorbeerblätter beigefügt. Erst Staatsminister Colbert erließ am 10. Juli 1699 per Dekret eine offizielle Regelung, die bis zur Französischen Revolution gültig blieb. Am 21. Juni 1790 aber wurde das Wappen abgeschafft, da es zu sehr an die Formsprache des ebenfalls abgeschafften Adels erinnerte.

1809 wurde die *croix d'azur* auf Anordnung Napoleons wieder aus der Versenkung geholt. Allerdings zierten nun Bienen und ein Segelschiff das Wappen – bis 1815 Ludwig XVIII. das zierende Beiwerk durch einen Dreizack tragenden Stier ersetzen ließ.

1883 entwarf der Chef des staatlichen Münz- und Medaillenkabinetts Joseph Laugier auf Bitten des Bürgermeisters die bis heute gültige offizielle Version: Ein Löwe und ein Stier flankieren das azurblaue Kreuz, darunter erscheint die Devise der Stadt: »Actibus immensis urbs fulget Massiliensis« – »Marseille strahlt durch seine großen Taten«. Gebräuchlich ist seit 1990 allerdings eine abgespeckte Version, die nur das azurblaue Kreuz vor silberweißem Hintergrund zeigt.

**Marseilles Stadtwappen**

### Antike und Mittelalter

Griechen aus Kleinasien haben um 600 v. Chr. über den Vieux Port ein Handelskontor gegründet, das sie Massalia nannten, woraus Marseille wurde. 125 v. Chr. riefen die von keltischen Stämmen bedrohten Stadtgründer die Römer zu Hilfe. Die halfen prompt – und verleibten sich die französische Mittelmeerküste als Teil der römischen Provincia Gallia Narbonensis ein. Als das Weströmische Reich im 5. Jh. zusammenbrach, wurde die Stadt bis ins 9. Jh. immer wieder von Germanen und Arabern überfallen. 972 gründete Wilhelm von Arles die Grafschaft der Provence. Marseille erlebte eine neue Blüte, nicht zuletzt auch, weil die Flotte der Kreuzzügler hier stationiert wurde und großen Reichtum in die Stadt spülte. Im 15. Jh. fiel Marseille zusammen mit der Provence an Frankreich.

### Marseille im Ancien Régime

Marseille wurde zum Kriegshafen ausgebaut. Doch die Stadt pochte auf ihre Selbstständigkeit. 1660 kochte der Konflikt mit der Krone hoch. Louis XIV. ließ die widerspenstige Stadt besetzen und das mittelalterliche Stadtbild mit Barockbauten ›französisieren‹. 1720 brach die Pest in der Stadt aus: 50 000 Menschen erlagen der Epidemie. Mit der Revolution und dem Ende des Ancien Régime wurde Marseille Sitz des neu gegründeten Departements Bouches-du-Rhône.

### Boomtown des 19. Jh.

Napoleon III. ließ Marseille 1852–1870 im großen Stil umbauen. Durch den Bau des Suezkanals 1869 avancierte der Hafen zum ›Tor in den Orient‹. Reiche Kolonialhändler führten den Titel eines Paschas, der auf abenteuerlichen Reisen im Orient erworben war. Erfolgreich forderte der Präfekt aus Paris alljährlich höhere Summen, um am Lebensstil der besseren Gesellschaft teilhaben zu können. Er vermochte ein schlagendes Argument ins Feld zu führen: Der Pro-Kopf-Champagner-Verbrauch überstieg den von Paris. Ende des 19. Jh. entdeckten Maler den heute eingemeindeten Vorort L'Estaque, darunter Georges Braque und Raoul Dufy. Und auch August Macke machte im Hafenstädtchen westlich von Marseille Station.

### Langer Niedergang

Der Niedergang begann 1938, als Paris die Eigenverwaltung aussetzte und hohe Staatsbeamte als Stadtverwalter entsandte. Zuvor war der jugoslawische König Alexander I. in aller Öffentlichkeit auf dem Prachtboulevard La Canebière ermordet worden. Dann zeigte sich die Stadtverwaltung unfähig, den Brand in einem Kaufhaus unter Kontrolle zu bringen: Zahlreiche Opfer zahlten die Anarchie am Unglücksort mit dem Leben.

Nach Ende des Zweiten Weltkriegs herrschte in Marseille Wohnungsnot. Im Januar 1943 hatten die deutschen Besetzer die eng verschachtelten Altstadtviertel hinter dem Quai du Port sprengen lassen, angeblich, um versteckter Juden und Résistants (Widerständler) habhaft zu werden. An die 30 000 Bewohner wurden über Nacht obdachlos.

In den 1950er-Jahren kamen nach der Unabhängigkeit Tunesiens sephardische Juden, ein Jahrzehnt später 130 000 aus Nordafrika vertriebene

*Pieds noirs* in die Stadt. Marseilles Bevölkerung wuchs zwischen 1954 und 1964 um die Hälfte, mit ihr die trostlosen Vorstädte und die Probleme. Unregierbar schien die Stadt auch Gaston Deferre, der von 1953 bis zu seinem Tod 1986 jede Bürgermeisterwahl gewann. »Vor mir gab es im Rathaus nur dreierlei Menschen: Zuhälter, Kriecher und Flics«, lautet eines seiner Bonmots. (Nach seiner Amtszeit war Marseille freilich pleite.)

Kreuzfahrtschiffe legten aus Angst vor Taschendieben und Dealern lieber im Nachbarhafen L'Estaque an. Containerschiffe steuerten die hypermodernen Kais von Fos an der Rhône-Mündung an, weil Marseille den Ausbau für die neue Generation der Megatransporter verschlafen hatte. Anfang der 1990er-Jahre sank die Einwohnerzahl auf eine Dreiviertelmillion.

## Fulminanter Neuanfang

Der Trend konnte Mitte der 1990er-Jahre umgekehrt werden. Seit der Hochgeschwindigkeitszug TGV die Landkarte Frankreichs neu gezeichnet hat, ist Marseille ins Zentrum der französischen Öffentlichkeit gerückt. Drei Stunden dauert die Fahrt von Paris in die zweitgrößte Stadt des Landes. Marseille hat die 800 000-Marke wieder übersprungen, Tendenz steigend. Die umtriebige Hafenstadt lockt mit viel Sonne, einem kosmopolitischen Völkergemisch und einer städtebaulichen Verjüngungskur gigantischen Ausmaßes. Euroméditerranée heißt der städtebauliche Masterplan, mit dem Marseille die Wiederbelebung 1996 eingeleitet hat. Dahinter verbirgt sich ein pharaonenhaftes Unternehmen, in dessen Zug bis 2012 die Altstadt saniert, der alte Hafen in ein Dienstleistungs- und Hightechzentrum umgebaut sein soll und der aus Marseille stammende Zinedine Zidane Frankreich zum Weltmeistertitel kickte.

Wie es weitergeht? Die Kulturhauptstadt Europas 2013 heißt Marseille. Das Leitmotiv des Veranstaltungsmarathons knüpft an die traditionelle Rolle der Hafenstadt an: Marseille wird sich als Brücke über das Mittelmeer und Vermittler zwischen den afrikanischen und europäischen Anrainern präsentieren.

**»Wir sind wieder wer!« – Kreuzfahrtschiffe und der CMA-CGM-Turm in der Zone Euroméditerranée sind ein Symbol für den Aufbruch der Stadt**

## Anreise

### … mit dem Flugzeug

Air France fliegt von einem Dutzend deutscher Städte via Paris oder Lyon (www.airfrance.com), Lufthansa ab Düsseldorf ( www.lufthansa.com), German Wings ab Köln (www.german wings.de) zum Flughafen Marseille-Provence.

**Auskunft:** Aéroport Marseille-Provence, Tel. 04 42 14 14 14, www.marseille.aeroport.fr

**Transfer in die Stadt:**

**Busshuttle (Navette):** von Terminal mp1 (Linienflüge) mit der Navette zur Gare St-Charles. In umgekehrter Richtung vom Bahnhof St-Charles zum Flughafen ebenfalls Halt am Low-Cost-Terminal mp2. Dauer ca. 30 Min. Abfahrt vom Flughafen 5.10–0.10, von der Stadt 4.30–23.30 Uhr, jeweils alle 20 Min., 8,50 € pro Strecke. Tickets sind entweder vor Besteigen des Busses am Schalter zu kaufen oder online buchen, www.navettemarseilleaeroport.com.

**Zug:** vom Flughafen mit dem Bus in 5 Min. (fährt passend zu jeder Zugabfahrt ab Quai 2, Ticket am Automaten, frz. *borne*, lösen) zum Bahnhof Vitrolles Aéroport. Von dort mit dem Zug zum Bahnhof Gare St-Charles. Dauer ca. 35 Min. Zwischen 6.35 und 21 Uhr ca. 15 Zugverbindungen tgl., 4,70 € pro Strecke, www.marseille.aeroport.fr.

**Taxi:** Tel. 04 42 14 24 44, 25 km ins Zentrum ca. 40 € (nachts ca. 50 €; stets kleiner Zuschlag pro Gepäckstück).

### … mit dem Zug

Bis Paris mit dem ICE von Frankfurt, Mannheim, Kaiserslautern, Saarbrü-cken, Köln (www.bahn.de), mit dem Thalys von Köln (www.thalys.com) oder mit dem französischen Hochgeschwindigkeitszug TGV von München, Stuttgart, Karlsruhe, Augsburg (www.tgv-europe.de). Weiter ab Paris-Gare de Lyon mit dem TGV 17 x tgl. nach Marseille (3 Std., www.sncf-voyages.com). Zahlreiche Ermäßigungen im Internet.

### … mit dem Auto

Von Norden führt die Autoroute du Sud A 6 bis nach Orange. Weiter geht es über die A 7 bis Marseille. Autobahnen sind gebührenpflichtig (*péage*, zu zahlen mit Bargeld oder Kreditkarte). Vor Antritt der Reise sollte man sich einen Auslandsschutzbrief und die grüne Versicherungskarte besorgen.

**ADAC:** deutschsprachiger Notdienst in Lyon, Tel. 08 25 80 08 22

**Infos rund ums Auto:** Über die aktuelle Lage auf den Autobahnen und über Mautgebühren informieren Autoroutes Sud de la Fance (Tel. 08 36 68 10 77, www.asf.fr) und Bison Futé (Tel. 04 91 78 78 78, www.bisonfute.equipement.gouv.fr). Strecke und Fahrzeit lassen sich über folgende Portale berechnen: www.viamichelin.com, www.mappy.com und www.iti.com.

## Diplomatische Vertretungen

**Deutsche Botschaft:** 13/15, av. Franklin D. Roosevelt, Paris, Tel. 01 53 83 45 00, www.auswaertiges-amt.de, www.paris.diplo.de.

**Deutsches Generalkonsulat Marseille:** 338, av. du Prado, Tel. 04 91 16

75 20, http://www.marseille.diplo.de, Metro: Rond-Point du Prado, Mo–Fr 8.30–11.30, Mi auch 13.30–16 Uhr.
**Österreichische Botschaft:** 6, rue Fabert, Tel. 01 45 55 95 66, Paris, www.amb-autriche.fr, www.bmaa.gv.at.
**Schweizer Botschaft:** 142, rue de Grenelle, Tel. 01 25 55 67 00, www.amb-suisse.fr, www.eda.admin.ch/paris.

## Einreisebestimmungen

**Ausweispapiere:** Für EU-Bürger und Schweizer reichen für die Einreise Personalausweis oder Identitätskarte. Kinder bis 16 Jahre benötigen einen Kinderausweis mit Lichtbild. Auch EU-Bürger brauchen für einen Aufenthalt über drei Monate eine Aufenthaltsgenehmigung.
**Ein- und Ausfuhr:** Frei mitgenommen werden dürfen von EU-Bürgern innerhalb der EU 10 l Spirituosen, 20 l andere alkoholische Getränke mit max. 22 %, 90 l Wein, davon max. 60 l Schaumwein, 110 l Bier, außerdem bis zu 800 Zigaretten, 400 Zigarillos, 200 Zigarren und 1 kg Tabak.

## Feiertage

**1. Jan.:** Neujahr (Jour de l'An)
**Ostermontag** (Lundi de Pâques)
**1. Mai:** Tag der Arbeit (Fête du Travail)
**8. Mai:** deutsche Kapitulation 1945
**Himmelfahrt** (Ascension)
**Pfingstmontag** (Lundi de Pentecôte)
**14. Juli:** Nationalfeiertag (Fête nationale française)
**15. Aug.:** Mariä Himmelfahrt (Assomption)
**1. Nov.:** Allerheiligen (La Toussaint)
**11. Nov.:** Waffenstillstand 1918
**25. Dez.:** Weihnachten (Noël)

## Feste und Festivals

**Octave de la Chandeleur:** 2. Feb. Zu Mariä Lichtmess wird die schwarze Madonna aus der Abtei St-Victor durch die Straßen getragen. Tausende folgen der Prozession mit einer grünen Kerze in der Hand (vom Quai des Belges gegen 5 Uhr) zur Kirche. Um 6 Uhr segnet der Erzbischof die ofenfrischen *navettes* aus dem Four à Navettes (s. S. 103).
**Festival de Musique Sacrée:** Mai, Festivals klassischer (Kirchen-)Musik, das in der Kirche St-Michel veranstaltet wird. Das Konservatorium der Region nimmt ebenfalls teil und gibt in den Kirchen acht kostenlose Konzerte.
**Fête du Panier:** um den 20. Juni, www.fetedupanier.org. Marseilles malerisches Altstadtviertel feiert sich mit Straßenkonzerten, Konzerten, öffentlichem Ball, Ausstellungen überall im Panier. Der turbulente Reigen geht nahtlos in die am 21. Juni landesweit veranstaltete **Fête de la Musique** über: noch mehr Konzerte, noch mehr Tanz.
**Festival de Marseille:** Juni, Juli, www.festivaldemarseille.com. Auf dem Programm stehen Theater, Ballett und zeitgenössische Musik (u. a. in der Vieille Charité und im Parc Henri Fabre).
**Ciné Plein-Air:** Juni–Aug. Open-Air-Kino auf Cours Belsunce und Cours Julien, im Panier oder im Garten des Palais Longchamp. Gratis!
**Festival de folklore international:** Juli, www.roudelet.felibren.com. Jedes Jahr kommen mehr als 3000 Künstler aus aller Welt nach Marseille, um das kulturelle Erbe und die Traditionen ihrer Heimatländer vorzustellen.
**Festival de Jazz des cinq continents:** Juli, www.festival-jazz-cinq-continents.com. Europa, Afrika, Asien, Nord- und Südamerika sind beim Jazzfestival der fünf Kontinente in den Gärten des Palais Longchamp zu Gast und laden

zur rhythmischen Reise ein. Gespielt wird Jazz verschiedenster Richtungen wie Funk, Acid, Folk und sogar Manouche.

**Marsatac:** Ende Sept., www.marsatac.com. Das Festival im Espace St-Jean widmet sich neuesten Musikströmungen von Elektro über House zu Hip-Hop.

**Festival de Musique à Saint-Victor:** Sept.–Dez., http://saintvictor.chez.com. Klassische Konzerte auf hohem Niveau machen den Ruf des kleinen, feinen Festivals aus.

**La Fiesta des Suds:** Okt., www.fiesta-des-sud.org. Marseille feiert ausgelassen zu den Klängen und Rhythmen der Musik des Südens. Als musikalischer Meltingpot bietet die Fiesta bekannte Größen und Newcomer. Zu den begehrtesten, in den Docks du Sud veranstalteten Konzerten zählen die der Lokalmatadore ›Amadou et Miriam‹, ›Massilia Sound System‹ oder ›Sinsemilia‹.

**Danse M:** Mitte Nov.–Mitte Dez., www.dansem.org. Das Tanzfestival repräsentiert alle aktuellen Strömungen im Mittelmeerraum.

### Sportveranstaltungen

**Open 13:** Feb., www.open13.org. Zu den Open 13 kommen einige der weltbesten Tennisspieler.

**Mondial de Pétanque:** Juli, www.lamarseillaise.fr. Petanque-Weltmeisterschaften (Boule) mit gut 12 000 Spielern und 4160 Mannschaften.

**Les Voiles du Vieux Port:** Juni, www.lesvoilesduvieuxport.com. Für ein langes Wochenende knüpft Marseille an seine Seefahrtgeschichte an. Ungefähr 40 historische Segelschiffe stellen sich am Alten Hafen zur Schau.

**World Series 13:** Juli, www.worldseries13.com: Zum Beachvolleyballturnier – das älteste seiner Art – versammeln sich mehr als 120 000 Fans an den Prado-Stränden. Mehr als 200 Spiele finden zur Qualifikation für die Olympischen Spiele statt.

**Pro Beach Soccer:** Aug. Jeden Sommer findet an den Prado- und Corbière-Stränden das Turnier um den Titel des Europameisters statt.

**Septembre en Mer:** Aug., Sept., www.officedelamer.com. Ab Mitte August werden in der Bucht von Marseille die Segel zum sportlichen Wettkampf gehisst. Zu den ca. 100 Veranstaltungen zählen Regatten und Großfischfang.

**Semi-Marathon Marseille–Cassis:** letzter So im Okt., www.marseille-cassis.com. Der Halbmarathon gehört zum Programm der Französischen und der Internationalen Leichtathletikvereinigung. Mit 15 000 Teilnehmern ist er internationaler Klassiker im Langstreckenlauf. Berufsathleten und Amateure aus aller Welt wagen den ›Aufstieg‹ über die anstrengende Gineste-Straße.

## Fundbüro

**Bureau des Objets trouvés**
41, bd. de Briançon, Tel. 04 91 14 68 97.

## Geld

Landeswährung ist der Euro. Kreditkarten haben sich überall durchgesetzt (gängig sind Visa, Master- und Eurocard). Mit der Maestro-Karte kann an vielen Bankautomaten Geld abgehoben werden. 1 € = 1,36 CHF bzw. 1 CHF = 0,73 € (Stand Juli 2010).

## Gesundheit

Behandlungskosten werden von der Krankenkasse gegen Vorlage der Arztrechnung teilweise erstattet (Infos bei der jeweiligen Versicherung). Die Auslandskarte (EHIC), die gesetzlich Versicherte von ihrer Krankenkasse erhalten, erleichtert die Abrechnung von Arzt- und Krankenhauskosten. Eine zusätzliche Reisekrankenversicherung ist zu empfehlen, um sich gegen nicht abgedeckte Kosten abzusichern. Adressen deutschsprachiger Ärzte erhält man über die Botschaften etc. (s. S. 16).

**Notfallversorgung:** Im Notfall rufen Sie Krankenwagen und einen Notarzt (S.A.M.U.) unter der landesweit einheitlichen Telefonnummer: 15. Bei Vergiftungen hilft das Centre anti-poison weiter, Tel. 04 91 75 25 25.

**Apotheken:** *Pharmacies* sind am grün blinkenden Neonkreuz zu erkennen.

# Informationsquellen

## Französische Fremdenverkehrsämter im Ausland
### ... in Deutschland
Atout France, Zeppelinallee 37, 60325 Frankfurt/Main, Infos: Tel. 0190 57 00 25 (49 Ct./Min., 9–16.30 Uhr, sonst Bandansage), info.de@franceguide. com.

### ... in Österreich
Atout France, Argentinierstr. 41a, 1040 Wien, Tel. 0900 25 00 15 (68 Ct./Min.), info.at@franceguide.com.

### ... in der Schweiz
Atout France, Rennweg 42, Postfach 7226, 8023 Zürich, Tel. 0900 90 06 99, (1,20 € Einwahlgebühr plus 30 Ct./Min.), info.zrh@franceguide.com.

## Touristeninformation
### in Marseille ▶ Karte 2, E/F 7
**Office de Tourisme et des Congrès:** 4, La Canebière, 13001 Marseille, Tel. 04 91 13 89 00, Mo–Sa 9–19, So, Fei 10–17 Uhr, www.marseille-tourisme. com.

## Im Internet
**Landeskennung Frankreich: fr**
**www.franceguide.com:** die offizielle Seite des Französischen Fremdenverkehrsamtes. Auf Deutsch. Online-Bestellung von Broschüren.

**www.marseille.fr:** offizielle Website der Maire de Marseille (Rathaus); hält praktische Infos bereit und unterrichtet über die Maßnahmen, die Marseille als Kulturhauptstadt Europas 2013 ergreift (auf Französisch). Viele Bilder.

**www.visitprovence.com:** Website des Departements Bouches-du-Rhône; stellt in deutscher Sprache Marseille und sein Hinterland sowie Ausflugsziele in Stadtnähe vor. Per Suchmaschine können alle für den Marseille-Besuch benötigten praktischen Informationen recherchiert werden.

**www.marseillenet.com:** 360°-Panoramen von den wichtigsten Sehenswürdigkeiten und Plätzen der Stadt laden zum virtuellen Besuch ein. Begleittexte nur auf Französisch, aber die Bilder sprechen ohnehin für sich.

**www.chiensaucisse.over-blog.com:** Ein Kurzhaardackel ist seit ein paar Jahren das Maskottchen von Marseille. Der Kläffer mit Kultstatus taucht regelmäßig im Fernsehen und Magazintitelblättern auf. Amüsante Seite (nur Französisch).

**www.om.net:** offizielle Website des legendären Fußballklubs Olympique Marseille. Auch auf Englisch.

**www.provence-insolite.org:** Auf der Website des Lokalmatadors Jean-Pierre Cassely werden humoristische Rundgänge durch provenzalische Städte vorgestellt. Drei davon führen durch Marseille – Uhrzeiten und Preise sind angegeben. Nur auf Französisch, dafür mit vielen (teils alten und raren) Bildern.

**www.meteo.fr:** Die Website von Météo France unterrichtet über das aktuelle Wetter und die Vorhersage für die kommenden Tage.

# Kinder

Die Lage am Meer inklusive Strand, Segel- und Surfschulen oder Kanuverleih macht Marseille für Kinder attraktiv. Auch der Petit Train, das Touristenbähnchen, das sich vom alten Hafen den Panierhügel oder zur Kahtedrale hinaufmüht, steht bei Kindern hoch im Kurs (s. S. 25). Ganz zu schweigen vom offenen Oberdeck des Doppeldeckerbusses, der die Sehenswürdigkeiten der Stadt abfährt (s. S. 25).

**Museen:** Zwei Museen dürften zumindest ältere Kinder interessieren. Zum einen das Musée de la Marine et de l'Économie (s. S. 50), das die Geschichte des Marseiller Seehandels anhand von Schiffsmodellen vorstellt. Zum anderen das Musée d'Histoire Naturelle (s. S. 78) mit dem überwältigenden ›Safari‹-Saal: Gezeigt wird die Tierwelt Afrikas inklusive (ausgestopfter) Giraffe und Löwe. Tipp: Das Museum veranstaltet »Nachtsafaris« (ab 6 Jahren)!

**Übernachten:** Einige Hotels bieten familiengerechte Drei- oder Vierbettzimmer zu einem günstigen Tarif an. Ansonsten ist man mit einem Appartement, die teils mit Hotelservice vermietet werden, gut bedient.

**Essen gehen:** Kinder werden im Restaurant nicht als störend empfunden. Spielzeug oder Spielecken im Restaurant gibt es hingegen nicht – in Frankreich werden bei Tisch Erwachsene und Kinder nicht getrennt. Die Küche von Marseille macht es Kindern leicht: Pizza und Pasta gehören zum kulinarischen Erbe und sind in großer Auswahl zu haben. Ansonsten bleibt die Alternative in Form eines *menu enfant,* das erstens auf die Geschmacksvorlieben der Kleinen abgestimmt und zweitens nicht sehr teuer ist.

**Ausflüge:** Eine Bootstour zum geheimnisvollen Château d'If (s. S. 67), zu den Frioul-Inseln (mit Badepause, s. S. 68) oder in die Calanques sind dazu geeignet, Kinder zu begeistern. Mit älteren Kindern kann man eine kürzere Wanderung in die Calanques (s. S. 69) oder eine Zugfahrt längs der Côte Bleue etwa nach Le Carro (s. S. 81) unternehmen. Noch im Stadtgebiet liegt der Parc Pastré, zu dem der Abenteuerparcours Pastré Aventure gehört: Kinder (5–14 Jahre) können sich wie Tarzan über Hängebrücken oder an Drahtseilen von Baumwipfel zu Baumwipfel schwingen, www.pastreaventure.com.

# Klima und Reisezeit

Als Reiseziel hat Marseille ganzjährig Saison: Die durchschnittliche Temperatur liegt selbst im Januar tagsüber bei 11 °C. Der Himmel ist im Winter zudem so blau wie das ganze Jahr nicht, denn der Mistral fegt jede Wolke fort. Am angenehmsten aber bleibt eine Reise im Frühjahr oder Herbst. Das trocken mediterrane Klima verheißt laue Zwischensaisons. Ab April sitzen auf den Terras-

**Klimadiagramm Marseille**

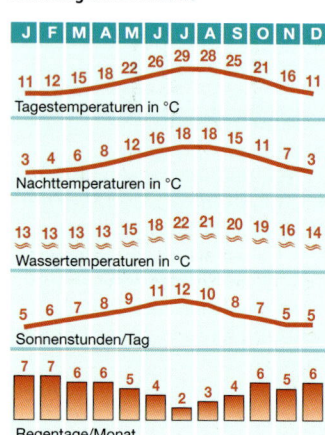

| | J | F | M | A | M | J | J | A | S | O | N | D |
|---|---|---|---|---|---|---|---|---|---|---|---|---|
| Tagestemperaturen in °C | 11 | 12 | 15 | 18 | 22 | 26 | 29 | 28 | 25 | 21 | 16 | 11 |
| Nachttemperaturen in °C | 3 | 4 | 6 | 8 | 12 | 16 | 18 | 18 | 15 | 11 | 7 | 3 |
| Wassertemperaturen in °C | 13 | 13 | 13 | 13 | 15 | 18 | 22 | 21 | 20 | 19 | 16 | 14 |
| Sonnenstunden/Tag | 5 | 6 | 7 | 8 | 9 | 11 | 12 | 10 | 8 | 7 | 5 | 5 |
| Regentage/Monat | 7 | 7 | 6 | 6 | 5 | 4 | 2 | 3 | 4 | 6 | 5 | 6 |

## City Pass Marseille

Der vom Office de Tourisme angebotene City Pass umfasst den Eintritt zu 14 Museen, eine Stadtführung, die Besichtigung des Château d'If (plus Ermäßigung für die Fähre), die Benutzung des öffentlichen Nahverkehrs und des Touristenbähnchens, Ermäßigungen in vielen Läden, bei Messen und Festivals. Es gibt ihn wahlweise für einen oder zwei Tage (20 bzw. 27 €). **Zwei weitere Spartipps:** In Cafés sind die Getränke an der Theke in der Regel günstiger als am Tisch oder auf der noch teureren Terrasse. Clubs und Discos erhöhen zum Wochenende und ab 24 bzw. 2 Uhr den Eintritt – früher am Abend oder während der Woche ausgehen!

sen alle in der warmen Sonne. Ab Mitte September weicht die Sommerhitze laueren Lüftchen und das Mittelmeer ist am wärmsten. Baden gehen kann man bis in den Oktober.

Im Juli liegen die durchschnittlichen Temperaturen bei 29 °C! Marseille wird zum Backofen. Zwischen 14. Juli und 15. August macht die Stadt folglich ›Urlaub‹. Viele Läden, Restaurants, Klubs sind geschlossen. Spitzenwerte um die 40 °C im Schatten sind keine Seltenheit. Am Meer wird die Nacht zum Tag gemacht. Man bleibt bis in die frühen Morgenstunden draußen, in der Hoffnung auf die Morgenkühle.

## Öffnungszeiten

**Kernöffnungszeiten:** 9–12 und 14–19 Uhr. Im Hochsommer verlängert sich die Mittagsruhe oft bis 16 Uhr. Supermärkte und Kaufhäuser haben über Mittag geöffnet, an einigen Abenden *(nocturnes)* bis 21 oder 22 Uhr. Samstags bleiben alle Geschäfte nachmittags offen. Sonntagvormittags wird Markt gehalten, viele Lebensmittelläden haben auf, Bäckereien immer. Montag ist oft vormittags geschlossen.
**Behörden:** Mo–Fr 9–12, 14–17 Uhr
**Banken:** Mo–Fr 9–12, 14–16.30 Uhr
**Postämter:** Mo–Fr 8–19 Uhr

Staatliche **Museen** schließen in der Regel am Dienstag, städtische und private oft montags. **Kirchen** sind in der Regel von 9 bis 19 Uhr offen.

## Rauchen

Seit 2008 gilt in allen öffentlichen Bereichen, von der Behörde über das Café und die Metrostation bis zum Hotel, ein striktes Rauchverbot. Viele Bars und Restaurants haben einen Standaschenbecher vor der Tür aufgestellt.

## Reisen mit Handicap

Spezielle Einrichtungen sind selten; mitunter findet man in den neueren Hotels rollstuhlgerechte Zimmer. Die Association des Paralysés de France (APF) verschickt gegen Gebühr einen Hotel- und Restaurantführer (APF, Délégation Paris, 22, rue du Père-Guérin, 75013 Paris, Tel. 01 40 78 69 00, www.apf.asso.fr).

Auf der Internetseite des französischen Fremdenverkehrsamtes Atout France (www.franceguide.com) findet man die Rubrik »Tourismus und Handicap«. Eine Suchmaschine informiert über Veranstalter, die Kriterien für behindertengerechtes Reisen erfüllen.

## Sicherheit und Notfälle

An einsamen Wanderparkplätzen, wie etwa im Massiv de Marseilleveyre, sollte man nichts im Auto zurücklassen. In der Stadt steht der Wagen (zumal nachts) besser im Parkhaus. Den Ruf als »Chicago am Meer« aber hat Marseille abschütteln können. Im Zentrum gelten die in allen Metropolen üblichen Vorsichtsmaßnahmen. Nicht alleine, vor allem als Frau, sollte man nachts in den Gassen links und rechts der oberen Canebière unterwegs sein. Heikel sind einige Trabantenvorstädte im Norden. Der Flohmarkt oder große Menschenansammlungen sind ein ideales Terrain für Taschendiebe. Diebstähle müssen auf einer der Polizeidienststellen gemeldet werden, damit der Schaden evtl. von der Reisegepäckversicherung getragen wird.

**Wichtige Notrufnummern**
**Krankenwagen/Notarzt** (S.A.M.U.): Tel. 15, **Polizei:** Tel. 17, **Feuerwehr:** Tel. 18, **Vergiftungen:** Tel. 04 91 75 25 25, **Sperren von Kreditkarten:** Tel. 0049 11 61 16, **von Maestro-, Bank- und Sparkassen-Card:** 0049 1805 02 10 21.

# Sport und Aktivitäten

### Fußball
Der Fußballverein Olympique Marseille, kurz OM, wurde bereits 1899 gegründet, seine Erfolgsgeschichte ist lang. Der Verein im Netz, inkl. Ticketverkauf: www.om.net.

### Joggen
Läufer kommen an den Stränden (s. u.), längs der 10 km langen Corniche und in den 26 ha großen Grünflächen der Plages du Prado sowie dem dahinterliegenden Parc Borély auf ihre Kosten.

### Kajakfahren
**Raskas Kayak:** ■ **Karte 3, D 5,** Auberge de Jeunesse de Bonneveine, Impasse du Docteur-Bonfils, Tel. 04 91 73 17 16 oder mobil 06 20 46 83 82, www.raskas-kayak.com. Die Jugendherberge (s. S. 87) ist Sitz des an mehreren Küstenorten vertretenen Anbieters. Erkundet werden in halb-, ganz- oder mehrtägigen Exkursionen die Reede von Marseille und die Calanques.

### Segeln und Surfen
**Pacific Palissades:** ■ **Karte 3, D 5,** Port de la Pointe Rouge (8 km südl. des Stadtzentrums), Tel. 04 91 73 44 11, www.pacific-palissades.com, Feb., März, Nov., Dez. 10–17, Okt. 10–18, April, Mai, Sept. 10–19, Juni–Aug. 10–20 Uhr. Die Segel- und Surfschule ist mit 700 Mitgliedern zugleich Frankreichs größter Surferklub. Coole Atmosphäre, Kurse für alle Levels, Materialverleih (Surfbrett, Funboard, Kanu, Kajak etc.).

### Strände
Das Wasser vor Marseille ist gut: Modernste Kläranlagen machen das Baden unbedenklich. Mit Bus 83 (ab Vieux Port) lassen sich fast alle Strände erreichen. Der Reihe nach folgen:
**Plage des Catalans:** der der Stadt am nächsten gelegene Strand mit kostenpflichtigem Eintritt. Familiär, kinderfreundlich, mit Beachvolleyballfeld.
**Anse de Malmousque:** winzige, von Felsen gerahmte Kieselbucht.
**Plage du Prophète:** von Felsen gerahmter Sandstrand mit Imbissbude.
**Plages du Prado:** fünf aufeinander-

folgende, aufgeschüttete Sand-Kiesel-Strände, je nach Abschnitt mit immensen Rasenflächen (Plage de David), hipper Restaurant- und Barmeile sowie Liegenverleih (Plage Borély, im Sommer mit Bademeister).

**Plage Bonneveine:** Kiesel, das Paradies für Surfer, Wasserskifans (Verleih) und Fallschirmsegler.

**Plage de la Vieille Chapelle:** mit 700 m² großem Skaterpark, in dem regelmäßig Wettbewerbe stattfinden.

**Plage de la Pointe Rouge:** Sandstrand, beliebt bei Surfanfängern.

## Tauchen

Marseille ist Taucherhochburg: 250 Spots zwischen La Ciotat und Sausset-les-Pins (Riffs, Inseln, Felsküste) sowie 80 Wracks sind der Grund.

**Les Plaisirs de la Mer:** ■ D 7/8, 1, quai Marcel Pagnol (beim Fort St-Nicolas an der Einfahrt zum Vieux Port), Tel. 04 91 33 03 29, http://plm clam.free.fr. Ganzjährig Kurse für alle Niveaus. Dazu Anfängertauchgänge und für Fortgeschrittene Wracktauchen.

**Atoll Club:** ■ Karte 3, D 5, 31, traverse Prat, Tel. 04 91 72 18 14, www. atollplongee.com. Einzel-/Gruppenexkursionen (Teilnehmer ab 8 Jahren).

## Wandern

Gut 400 m ragen die Kalkklippen des **Massif de Marseilleveyre** im Osten von Marseille empor. Kein Haus, kein Telefonmast stört die wilde Schönheit nackter Felsen und zugewucherter Talfurchen. Vorsicht: Für manche Aufstiege und Kämme sollte man schwindelfrei sein.

Einsam sind auch die **Calanques** zu Füßen des Massivs. Wie der Bergzug gehören die unberührten Buchten zum 8. Arrondissement von Marseille. Einige wenige sind mit Bus oder Auto zu erreichen, die meisten nur zu Fuß. Einkehren

und Baden kann man in der Calanque de Marseilleveyre (1 Std. Wanderung ab Callelongue, Bar Chez le Belge, kein Tel., Mai–Okt tgl., sonst nur Sa, So) oder der Calanque de Sormiou (2,5 Std. Wanderung ab Callelongue, Restaurant Le Château, Tel. 04 91 25 08 69, April–Mitte Sept.).

Die Anfahrt zum Massiv oder den Calanques erfolgt ab Metro Castellane, von wo Bus 20 bis La Madrague de Montredon fährt (Beginn mehrerer Wanderwege ins Massiv). Ab La Madrague de Montredon geht es mit Bus 19 auch weiter bis Callelongue, dem Startpunkt des Küstenwanderwegs GR 98 nach Cassis (ca. 20 km, 8 Std., www. calanques13.com).

Achtung: Bei starkem Mistral oder Feuergefahr werden die Wege gesperrt! Das Office de Tourisme erteilt Auskunft. Festes Schuhwerk, Wasser, Sonnenöl und eine Kopfbedeckung sind unbedingt erforderlich. Als Wanderkarte empfiehlt sich die Carte de Randonnée »Marseille Les Calanques« des Institut Géographique National (ign 3145 ET, 1:25 000).

## Wellness

Nordafrikanische Bäderkultur und französische Thalassotherapie werden in Marseille aufs Schönste vereint – hier nur einige Beispiele.

**Les Bains du Harem:** ■ Karte 2, F 7, 6, rue du Jeune Anacharsis, Tel. 04 91 33 05 34, Frauen Mo 11–20, Di 10–20, Mi–Sa 10–16 Uhr, Männer Do 16–20, Fr 16–19 Uhr, gemischt (nur im Badeanzug) Mi, Sa 16–23, So 11–19 Uhr. Stilechter Hamam mit Massage mit Essenzölen, Schlammpackungen, Lymphdrainage, orientalischer Epilation (mit Wachs), Geschichtskosmetik, Coiffeur, Maniküre etc.

**La Bastide des Bains:** ■ Karte 2, F 8, 19, rue Sainte, Tel. 04 91 33 39 13,

www.bastide-des-bains.com, Mo–Sa 10–20, So 9–14 Uhr, Hamam für Männer nur Mo, Mi 17–20.30, Sa 15–20, So 9–14 Uhr zugänglich. Beauty- und Wellnesscenter mitten in der Stadt mit pompöser Belle-Époque-Fassade. Dahinter überraschen elegant gestylte Anwendungsbereiche (Fuß-/Handanwendungen, Epilation, Nelken-, Tonschlammpackungen …), ein Wintergarten und der klassische Hamam. Als Zugabe: orientalische Musik und Minztee.
**Hammam Rafik:** ■ **Karte 2, F 7,** 1A, rue Académie, Tel. 04 91 54 21 62, www.hammamrafik.com, Frauen Mo, Mi, Sa, So 9–19, Di, Fr 10–21 Uhr, Männer So 19–23 Uhr. Der ursprünglichste Hamam im Stadtzentrum von Marseille, mit orientalischen Kacheln und Kuppel über türkischem Dampfbad. Zum Ambiente passen *thé à la menthe* und syrische schwarze Seife.

# Telefon und Internet

Innerhalb Frankreichs gibt es keine Ortsvorwahl, Rufnummern sind immer zehnstellig. Bei Gesprächen aus dem Ausland entfällt die erste Null der zehnstelligen Nummer. Telefonkarten *(télécartes)* zu 50 oder 120 Einheiten gibt es auf der Post oder im Tabac-Geschäft. Für Handynutzer: Wer viel telefoniert, sollte sich eine französische Prepaid-Karte besorgen.
**Auslandsvorwahlen:** Frankreich 0033, Deutschland 0049, Österreich 0043, Schweiz 0041.

# Unterwegs in Marseille

### Metro, Straßenbahn und Bus
Es gibt zwei Metrolinien, die die wichtigsten Punkte der Stadt verbinden (So–Do 5–21, Fr, Sa 5–0.30 Uhr), sowie zwei Straßenbahnlinien (www.metro-tramway-marseille.com, 5–1 Uhr).

Den Rest des Stadtgebiets decken an die 70 Buslinien ab. Nachtschwärmer können auf den Fluobus zurückgreifen, der von 21.30 bis 0.45 Uhr die Epizentren des Nachtlebens bedient.
**Tickets:** 1,70 € (einfach für alle Verkehrsmittel), Tageskarte 4,50 €, 3-Tagesticket 10 €. Die Tickets bleiben eine Stunde gültig. Tickets und Gratislinienplan gibt es bei den Verkehrsbetrieben (RTM, 6, rue Fabres, Tel. 04 91 91 92 10, www.rtm.fr, Mo–Fr 8.30–18.30, 1./letzter Sa des Monats 9–12.30, 14–17.30 Uhr), in allen Metrostationen (7–19 Uhr), am Bahnhof St-Charlès und in etlichen Bar-Tabacs mit RTM-Logo.

### Fahrrad
›Le Vélo‹ heißt das städtische Verleihsystem. An 130 festen Ausleihpunkten gibt es 800 Räder. Besonders schön ist der Radweg längs der Corniche Richtung Strände. Die erste halbe Stunde ist frei, jede weitere volle Stunde kostet 1 €. Bezahlt wird mit der Kreditkarte am Automaten, www.levelo-mpm.fr.

### Pkw
Das Auto sollte man am besten im Parkhaus stehen lassen. Zahlreiche Baustellen behindern den Verkehr und der etwas chaotische Fahrstil der Einheimischen ist ohnehin gewöhnungsbedürftig. Marseille ist im Zentrum fußläufig und die Parkplatzsuche eine Herausforderung. Wer einen Parkplatz findet, muss in der Regel ein Ticket am Automaten *(horodateur)* ziehen.
**Parkhäuser in der Innenstadt:** Vinci Park Bourse, Rue Reine Elisabeth (Nähe Börse/La Canebière), Vinci Park Charles-de-Gaulle, Place Charles-de-Gaulle (Nähe Vieux Port/La Canebière), pro Stunde 2,10 €, Tagestarif 17,20 €, www.vincipark.com.

## Der Umwelt zuliebe – nachhaltig reisen

Die Umwelt schützen, die lokale Wirtschaft fördern, intensive Begegnungen ermöglichen, voneinander lernen – nachhaltiger Tourismus übernimmt Verantwortung für Umwelt und Gesellschaft. Die folgenden Webseiten geben einige Tipps, wie man seine Reise nachhaltig gestalten kann, und bieten Hinweise auf entsprechende Reiseangebote in der ganzen Welt.

**www.forumandersreisen.de:** Die 150 Reiseveranstalter des Forums Anders Reisen bieten ungewöhnliche Reisen weltweit, Nachhaltigkeit wird durch einen gemeinsamen Kriterienkatalog gewährleistet.

**www.sympathiemagazin.de:** Länderhefte mit Infos zu Alltagsleben, Politik, Kultur und Wirtschaft sowie Themenhefte u. a. zu Umwelt und Globalisierung.

**www.zukunft-reisen.de:** Das Portal des Vereins Ökologischer Tourismus in Europa erklärt, wie man ohne Verzicht umweltverträglich und sozial verantwortlich reisen kann.

**Marseille »nachhaltig«:** Wasser ist gerade im Hochsommer ein knappes Gut. Gehen Sie entsprechend sparsam etwa beim Duschen damit um. Das Auto bleibt am besten im Parkhaus: Die Altstadt ist fußläufig, und mit öffentlichen Verkehrsmitteln oder dem Rad lassen sich alle Strände, etliche Calanques und alle Ausflugsziele in der Umgebung erreichen. Bioprodukte aus der Umgebung kann man z. B. mittwochs auf dem Marché Paysan am Cours Julien kaufen.

## Taxis

Taxifahren ist eine relativ günstige Angelegenheit. Es gelten drei Tarife: tagsüber, nachts und an Sonn- und Feiertagen. Zudem wird ein Zuschlag für jedes Gepäckstück erhoben. Als Gast sitzt man prinzipiell hinten!

**Taxiruf:** Tel. 04 91 02 20 20 oder 04 91 05 80 80

**Taxi Tourisme Marseille** heißt ein Angebot, mit dem man die Stadt auf vier festen Routen zum Fixpreis (31–88 €, 1,5–4 Std.) und mit Kommentar zu allen Sehenswürdigkeiten am Weg erkunden kann. Der Fahrschein wird zuvor gelöst (4, La Canebière, Tel. 04 91 13 89 00, Mo–Sa 9–18, So 10–17 Uhr), das Taxi trifft umgehend ein.

## Stadtrundfahrten

**Le Grand Tour:** Der Doppeldeckerbus mit dem bei schönem Wetter offenen Oberdeck kann an allen 16 Punkten der festen Route bestiegen werden. Tickets im Bus, im Office de Tourisme und im Hotel (Société Marseillaise de Tourisme, 10, rue de la République, Tel. 04 91 91 05 82, www.marseillelegrandtour.com, Erw. 18 €, Kinder 15 €).

**Petit Train Marseille:** Touristenbähnchen mit zwei festen Routen, Nr. 1: Vieux Port–St-Victor–Notre-Dame-de-la-Garde, Nr. 2: Panier und Esplanade St-Laurent (Abfahrt Quai des Belges, Erw. 5 €, Kinder 3 €, Tel. 04 91 25 24 69, www.petit-train-marseille.com).

**Stadtführungen:** Das Office de Tourisme (s. S. 19) bietet einen thematisch bunt gefächerten Katalog von Stadtführungen für Gruppen an, die z.T. auf Deutsch gebucht werden können.

**Bootsfahrten:** zum Château d'If und den Îles du Frioul: s. S. 67; in die Calanques: s. S. 69; durch die Reede von Marseille inkl. Inseln: Dauer 1,5 Std., Erw. 15 €, Kinder 10 €, Anbieter s. S. 71.

# 15 x Marseille direkt erleben

In Marseille den Überblick zu bewahren, ist angesichts der Topografie der Stadt und der Verschiedenheit ihrer Viertel nicht immer leicht. Im Auf und Ab von Stiegen, Gassen und Boulevards lockt die Stadt immer wieder mit überraschenden Ein- und Ausblicken, wie hier am Cours Julien – das ergibt eine faszinierende Großstadt, die rund um die Uhr pulsiert.

# 1 | Schauplatz von Krimis und Seifenopern – Le Panier

**Karte:** ▶ D/E 6/7 | **Metro:** Vieux Port

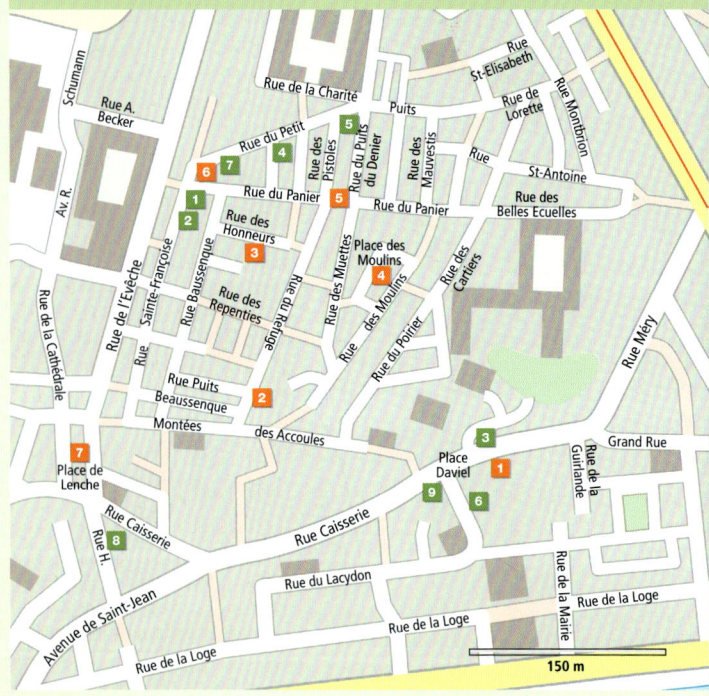

**Ein roter Strich auf dem Asphalt leitet auf dem Altstadthügel von Sehenswürdigkeit zu Sehenswürdigkeit. Die meisten Besucher aber treibt es direkt zum Mistral. So heißt das berühmteste Café im Panier – das jedoch nur in Frankreichs erfolgreichster Daily Soap »Plus belle la vie« existiert. Das Original heißt Bar des Treize Coins und ist ein Nabelpunkt des Viertels.**

Von Montag bis Freitag schauen Abend für Abend ein paar Millionen Franzosen ins Mistral rein. Denn alle lieben Roland, den brummig-gutmütigen Patron, der für jeden ein Ohr und das passende Getränk hat. Für eine halbe Stunde steigt die Spannung. Wird Architekt Vincent, der aus dem hektischen Paris in ein cooles Loft nach Marseille gezogen ist, Charlotte, die Modedesignerin von nebenan, erobern? Kann Kommissar Léo Castelli die krummen Geschäfte des Immobilienspekulanten Charles Frémont aufklären? So lauten die Fragen, mit der die Seifenoper »Plus belle la vie« auf FR3 Quote macht.

## Steiler Aufstieg

Der Aufstieg vom Arme-Leute-Viertel zur bevorzugten Adresse von Künstlern und Kreativen begann in den 1990er-Jahren. Damals machten die Marseille-Krimis von Jean-Claude Izzo (1945–2000), der im Panier zur Welt kam, landesweit Furore. Izzo setzte dem neapolitanisch-engen Viertel in seinen Bestsellern ein Denkmal, das Bildhauer, Chocolatiers, Regisseure und andere junge Selbstständige bald zu stürmen begannen. Von der charmanten, von Salon de Thé, Bistro und Seifenladen gesäumten **Place Daviel** 1 geht es über die krummen Stufen der Montée des Accoulés hoch auf den Hügel. Die Kuppel des ehemaligen Jesuitenkollegiums **Le Préau des Accoulés** 2 überragt die steile Stiege. Ein doppelläufiges Eisengeländer in der Mitte verschafft Halt, bis die Rue du Refuge erreicht ist.

## Dorfplatzcharme

Eine Stichgasse, die Rue Porte Baussenque, führt linker Hand auf die nach dem Krimiautor benannte Place Jean-Claude Izzo. Etwas weiter erinnert die barocke **Maison du Refuge** 3 (1, rue des Honneurs) an ein Gefängnis für Freudenmädchen aus dem 17. Jh. Die Gunstgewerblerinnen betraten das Gebäude durch die Rue du Déshonneur (Straße der Unehre, heute Rue des Honneurs) und verließen es nach verbüßter Strafe durch die Rue des Repenties, der Straße der reuigen Büßerinnen.

An der **Place des Moulins** 4 ist Marseille plötzlich ein Dorf irgendwo in der Provence. Blumentöpfe hängen an den Fensterläden. Kinder lachen hinter dem Art-déco-Portal der École Maternelle. Nebenan erinnert der Stumpf einer Mühle an die eigentliche Bestimmung des Platzes: Früher krönte ein Dutzend Mühlen den höchsten Punkt des Panier, denn dieser ist durch seine erhöhte Lage jedem Windzug des Mistrals ausgesetzt. Mühlsteine dienen heute unter den Platanen als Tische. Der Platz ist zudem Hauptbühne der alljährlichen **Fête du Panier** (www.fetedupanier.org, s. auch S. 17).

## Gassen und Passagen

Die **Rue du Panier** 5 ist so etwas wie die Hauptgasse des Viertels. Im Mittelalter hat es hier eine Taverne mit dem Namen Au Panier gegeben. Daraus entstand der Name des Viertels. Altmodische Ladenschilder säumen die krumme Gasse. Les Caves du Moulin verweisen auf einen Weinladen, der Bazar du Panier auf einen längst geschlossenen Kramladen. Über die Rue des Mauvettes und die Rue de Lorette gelangt man in die dustere Passage Lorette. Ein Hauch Zille-Romantik liegt über dem heruntergekommen, steil abfallenden Durchstich zur tosenden Rue de la République, die den Panier nach Osten begrenzt. Von Sanierung keine Spur – hier wirkt der Panier mit blätternden Fassaden und Wäsche vor den Fenstern noch wie in Izzos Büchern.

## Geglückte Sanierung

Rund um die alles überragende Kuppel der **Vieille Charité** (s. S. 32) reihen sich hinter apricotfarbenen, zitronengelben, sandbeigen Fassaden die Ateliers von *potiers, chocolatiers, savonneurs, santonniers*. Mit der Sanierung dieses Teils des Paniers zogen vor 20 Jahren neue Bewohner ins Viertel. Touristen, die auf der Suche nach den Schauplätzen der Seifenoper »Plus belle la vie« sind, werden an der **Place des Treize Cantons** 6 fündig, wo das Eckcafé mit den Comics auf der knallroten Fassade (Le Bar des Treize Coins) als Vorlage für das Café Mistral gedient hat.

### Auf dem ältesten Platz der Stadt

Die Rue Ste-Françoise scheint Achterbahn über den Altstadthügel zu fahren. Aus einem Fenster säuselt »Aicha« von Kalhed, dem König der algerischen Rai-Musik. Es riecht nach exotischen Gewürzen, Gelbwurz, Chilischoten, Curry. Ein kleiner Schlenker, und man betritt die **Place de Lenche** 7, die als ältester Platz von Marseille gilt. In der Antike lag hier die Agora der griechischen, später das Forum der römischen Siedlung. Im 16. Jh. siedelte sich der Adel am Platz an. Ringsherum laden Caféterrassen dazu ein, sich mit Blick auf den Vieux Port und Notre-Dame-de-la-Garde niederzulassen. Der Kreis schließt sich: Jean-Claude Izzos Vater Gennaro arbeitete als Kellner an der Place de Lenche.

### Boutiquencharme

Der Panier ist das Viertel kleiner, feiner Boutiquen. Etwas aus dem Rahmen fällt die **Boutique Officielle Plus Belle la Vie** 1 (56, rue Ste-Françoise, http://boutiquepblv.free.fr, Di–Sa 11–19 Uhr), die offizielle Devotionalienboutique der in Marseille gedrehten Kultserie »Plus belle la vie«. Wer will, kann sich hier mit DVDs aller Episoden, T-Shirts, Kappen, Büchern, Postkarten, Postern etc. eindecken. Typischer ist der **Espace Celadon** 2 (90, rue Ste-Françoise, www.atelier-celadon.com, tgl. 10.30–19 Uhr) mit fünf Künstlerateliers unter einem Dach: Die drei Keramik- und jeweils ein Glas- und ein Mosaikkünstler bieten hübsche Ansichten von Marseille in Mosaik, bizarre Glasarrangements, bunte Tonkühe an. **Place aux Huiles** 3 (2, pl. Daviel, 10–13, 14–19 Uhr) heißt eine puppenstubengroße Boutique mit großer Auswahl an provenzalischen Spezialitäten: Olivenöle, Tapenaden, Fleur de sel aus der Camargue, Frucht- und Blumenblütensirups aus Grasse, Mandelplätzchen, Auberginenkaviar, Konfitüren … *Santons* (Krippenfiguren aus Ton) der neuen Art gibt es bei **Arterra** 4 (15, rue du Petit-Puits, www.santons-arterra.com, Mo–Fr 9–13, 14–18, Sa 10–13, 14–18 Uhr): Neben dem traditionellen Krippenpersonal Ochs, Esel, Jesuskind, sind handgefertigte und -bemalte Figuren von Farandole-Tänzern, ein Seemann sowie die Maler Paul Cézanne und Vincent van Gogh im Angebot. **La Sardine d'Argile** 5 (5, rue du Petit-Puits, Mo–Sa 10.30–17 Uhr) heißt die Atelier-Boutique von Jean-Marc Saman. Aushängeschild des Faïenciers sind klassische Marseiller Fayencen in Kobaltblau, Schalen sowie Wandkacheln mit Motiven des 17.–18. Jh.

**Le Comptoir du Panier** 6 (5, rue de la Prison, www.lecomptoirdupanier.com, Di–Sa 10.30–18.30 Uhr) ist ein sympathischer kleiner Laden, der Streetwear aus Marseille wie Sweatshirts, T-Shirts, Taschen von La Méchante Sardine, Les Pitchounes, Tcheka vertreibt. Weit über das Viertel hinaus bekannt ist **La Chocolatière du Panier** 7 (4, pl. des Treize Cantons, www.chocolatieredupanier.skyrock.com, Di–Sa 10–13, 14–18.30 Uhr, So nachmittags anlässlich besonderer Events im Panier). Madame LeRay stellt Schokoladenbarren mit Zwiebeln, Ingwer und allen möglichen Zutaten her.

Eine der Drehscheiben im Panier ist die Bar des Treize Coins an der Place des Treize Cantons

Für die gewagt komponierten Köstlichkeiten (47 €/kg) eilte schon Staatspräsident Chirac in die winzige Boutique auf den Altstadthügel.

Die mit Orangenblüten verfeinerten *navettes* (Gebäck) der Traditionsbäckerei **Les Navettes des Accoulés** 8 (68, rue Caisserie, www.les-navettes-des-accoules.fr, Di–Sa 9–19, im Juli, Aug. 13–16 Uhr geschl.) gelten als die besten der Stadt. Zur Ste-Lucie-Prozession am Freitag vor Weihnachten segnet der Pfarrer den Ofen, und es gibt für alle Gläubigen Gratis-Navettes. Ebenfalls stets frisch und himmlisch zart sind die *macarons*, kross die Mandelplätzchen *croquants*. Ein Newcomer im Viertel ist **La Compagnie de Provence** 9 (1, rue Caisserie, www.compagniede provence.com, tgl. 10–19 Uhr). In der coolen Filiale des erfolgreichen In-Labels werden Savon de Marseille, Körperpflege- und Wellnessartikel (Cremes, Massageöle, Duftöle, Badezusätze etc.) angeboten.

### Noch mehr Panier

**Führungen** über den Panier finden bei ausreichend Teilnehmern samstags statt (im Sommer um 10 Uhr, sonst um 14 Uhr). Reserviert wird über das Office de Tourisme, der Preis beträgt 7 €. Im Internet findet man unter **www.jeanclaude-izzo.com** alles zum 2000 verstorbenen Krimiautor Jean-Claude Izzo – die Website betreut sein Sohn. **www.plusbellelavie.org** lautet die Website der Serie »Plus belle la vie« – falls man mal eine Folge verpasst haben sollte …

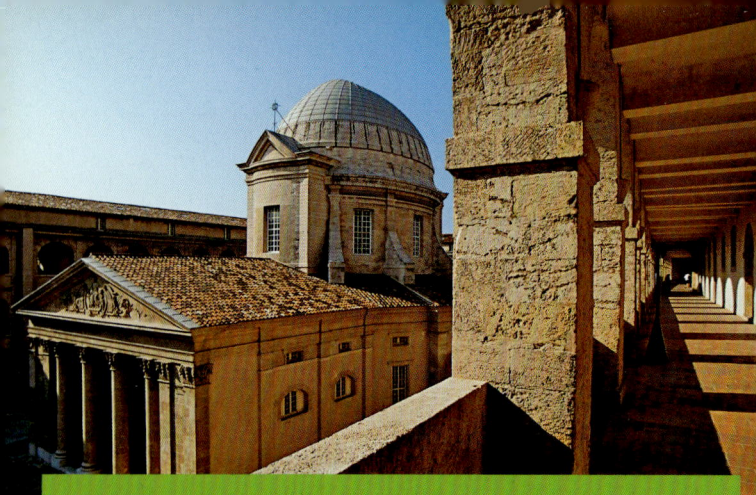

## 2 | Museen mit barocker Pracht – La Vieille Charité

**Karte:** ▶ E 6 | **Straßenbahn:** République Dames

**Pierre Puget, Bildhauer, Maler und Barockbaumeister, begann 1671 mit dem Bau des Armenhospizes auf dem Panier-Hügel. Nach zwischenzeitlicher Nutzung als Kaserne kam ein Teil der 1943 durch die Sprengungen am Hafen obdachlos gewordenen Bewohner im noblen Komplex unter. 1962 musste wegen Baufälligkeit evakuiert werden. Dann begann der Umbau zum Museumskomplex.**

### Barockes Armenhaus

Als Stadtbaumeister von Marseille sollte Puget wie kein anderer Architekt die Stadt mit der barocken Pracht des Ancien Régime prägen, dessen strahlendstes Beispiel das ehemalige Armen- und Siechenheim ist. Schon der erste Blick in den Innenhof ist überwältigend: Die ovale, im Stil des italienischen Barock errichtete **Kapelle** **1** im Zentrum des Hofes wird von vier arkadengesäumten, dreigeschossigen Flügelbauten flankiert. Unvorstellbar, dass das elegante Ensemble ursprünglich den Ärmsten der Armen vorbehalten war. 1662 schrieb ein königlicher Erlass in den Städten die Errichtung von Hospizen vor, die Bettler, Arme, Sieche aufnehmen und dem christlichen Glauben zuführen sollten. Bis zu tausend Bedürftige arbeiteten 100 Jahre später in den Werkstätten der Vieille Charité.

### Sanierung statt Abriss

1905 wurde das zu eng gewordene Ensemble zur Kaserne umgebaut. Ein neues Hospiz im Ste-Marguerite-Viertel übernahm die Rolle der Vieille Charité, die Anfang der 1960er-Jahre so heruntergekommen war, dass ein Abriss erwogen wurde. Frankreichs Kulturminister André Malraux schaltete sich ein: Von 1968 bis 1986 wurde der Komplex umfassend saniert.

## Marseilles nobelster Museumsstandort

Zu den neuen Nutzern der Vieille Charité zählt das **Centre International de Poésie** 2, in dem zeitgenössische Dichtung gefördert wird. Über 1500 Dichter sind in den vergangenen 20 Jahren empfangen worden, als Artists in residence, als Tagungsteilnehmer, als Besucher der 40 000 Gedichtbände umfassenden Bibliothek.

Besuchermagnet sind jedoch die **Museen** 3. Das **Musée d'Archéologie Méditerranéenne** in der ersten Etage zeigt antike Kunst aus dem gesamten Mittelmeerraum. Die ägyptische Abteilung verdankt ihren reichen Fundus Antoine Clot-Bey (1793–1868), der als Arzt des ägyptischen Vizekönigs Mehemet Ali zu großem Einfluss gekommen war. Gegenstände des täglichen Lebens, Schmuck, Statuen von Pharaonen und Fayencen lassen das antike Ägypten wiedererstehen. Nur der Pariser Louvre besitzt eine bedeutendere Sammlung.

> **Übrigens: Le Miroir** heißt das Cinéma des Musées de Marseille in der Vieille Charité. Das winzige Kino zeigt ausschließlich Filmreihen, die im Zusammenhang mit dem Fundus der Museen stehen, so etwa eine Reihe zum modernen Film Asiens (Programmauskunft Tel. 04 91 25 01 07).

Ein Stockwerk höher entführt das **Musée des Arts Africains, Océaniens, Améridiens** in die ursprünglichen Kulturen Afrikas, Ozeaniens und Amerikas. Auf schwarzem Hintergrund sind Masken aus Gabun, Burkina Faso und von der Elfenbeinküste zu sehen. Makaber mag die weltweit einzigartige Sammlung verzierter Schädel von der Südpazifik-Insel Vanatu erscheinen, oder auch ein Trophäenkopf aus den Regenwäldern Brasiliens. Bunt und lebenslustig wird es gleich danach in der mexikanischen Abteilung mit Karnevalsmasken und geschnitzten Figuren.

### Infos zur Alten Charité

2, rue de la Charité, Innenhof tgl. 10–18 Uhr; Kapelle Di–So; Bibliothek Mi–Sa 14–19 Uhr, www.cipmar seille.com; Museen Juni–Sept. Mi–Mo 11–18, Okt.–Mai 10–17 Uhr, www. vieille-charite-marseille.org. Die wissenschaftliche Buchhandlung **Librairie Regards** 1 (www.librairie regards.com, tgl. 10–18.30 Uhr) im Innenhof der Vieille Charité entspricht mit ihrem Angebot den thematischen Schwerpunkten der Museen und organisiert Kolloquien und Lesungen.

### Ein Happen zwischendurch

Das **Charité-Café** 1 (Tel. 04 91 91 08 41, Di–So 9–17 Uhr, Salate 7–8 €, Tagesgericht um 10 €) bietet neben kleiner Karte mit einfachen Speisen eine nette Terrasse plus tollem Blick in den Innenhof der Vieille Charité.

# 3 | Täglich frischer Fisch – am Quai des Belges

**Karte:** ▶ E 7 | **Metro:** Vieux Port

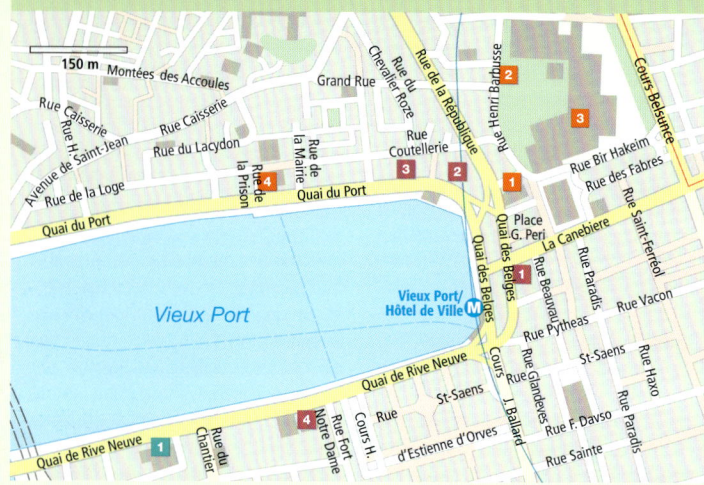

Vom Quai des Belges schweift der Blick über den Vieux Port, schaukelnde Jachten und zwei Forts. Doch die größte Aufmerksamkeit beanspruchen die Fischverkäuferinnen des Marché aux Poissons. Auf einem Bett aus Eis liegen Doraden, Rotbarben, Thunfisch, Seebarsch, Drachenkopf, Seeteufel, Sardinen. Von September bis April kommen ›oursins‹, Seeigel, hinzu – die Spezialität der nahen Côte Bleue schlechthin.

Der Vieux Port ist die Keimzelle der Stadt, der Quai des Belges sein Laufsteg. Seit 2600 Jahren dreht sich das Leben um den alten Hafen. Unweit des Metroeingangs zur Station Vieux Port erinnert eine **Bodenplakette** an die Gründung von Marseille 600 v. Chr. durch Griechen aus Kleinasien. Der Kai bildet seit Urzeiten eine Open-Air-Bühne, auf der die menschliche Komödie als Dauerinszenierung läuft. *Tout Marseille* zeigt sich im Lauf des Tages. Küsschen links, Küsschen rechts, der Aperitif steht auf dem Cafétisch, die Stühle sind in Richtung Sonne ausgerichtet.

## Häufiger Namenswechsel
Quai des Belges heißt der Kai, hinter dem der Vekehr um großzügige Rasenflächen und üppig blühende Blumenbeete tost, seit 1915: Mit dem Namen sollte an den wackeren Widerstand der Belgier gegen die im Ersten Weltkrieg einmarschierenden Deutschen erinnert

werden. Quai des Augustins hieß er vor der Französischen Revolution: Die **Kirche St-Ferréol** [1] auf der Nordseite des Quai des Belges war seit 1369 Klosterkirche einer nicht mehr existierenden Augustinerabtei. Auch das Gotteshaus selbst wurde im Baufieber der Belle Époque um einige Querschiffe verkürzt. Es musste Platz geschaffen werden für den kolossalen Neubau der Börse. Hinter der geweißelten neobarocken Kirchenfassade von 1874 verbirgt sich ein gotischer Innenraum, der jedoch 1892 im historisierenden Stil umgebaut wurde. Damals hieß der Kai übrigens Quai de la Fraternité, und dies seit 1871. 1807 hieß er noch Quai Impérial – Kaiser Napoleon war an der Macht –, zuvor Quai Rousseau.

## Griechische Wurzeln

Dass Griechen aus Kleinasien die ersten waren, die das natürliche Hafenbecken des Vieux Port nutzten, beweisen die Ausgrabungen hinter der Kirche. Die von der Rue Henri Barbusse einsehbare Gartenanlage des **Jardin des Vestiges** [2] ist die älteste griechische Ausgrabungsstätte Frankreichs. Bei Abbrucharbeiten stieß man an der Rue Barbusse auf Reste der griechischen Siedlung Massalia inklusive Bollwerken, Stadttor und den römischen Hafen, die nun in der Grünanlage zu besichtigen sind.

Das Areal gehört zum **Musée d'Histoire de Marseille** [3], dem Museum zur Stadtgeschichte im ungeschlachten Centre Bourse, und verlängert als eine Art Open Air-Saal die Dauerausstellung. Drinnen zieht das Wrack eines Handelsschiffs aus dem 2. Jh. n. Chr. alle Blicke auf sich. Andere Fundstücke dokumentieren die Geschichte der Stadt von ihrer Gründung im 6. Jh. v. Chr. bis ins 19. Jh.

## Jeder Kai eine andere Welt

Während am Quai des Belges die Fischfrauen mitunter laut krakeelend den Ton angeben, prägen den Quai du Port auf der Nordseite des Hafenbeckens Wiederaufbaublöcke, die das von der Zerstörung verschonte barocke **Hôtel de Ville** [4] (s. S. 74) in die Zange nehmen. Bis zur Sprengung des Viertels 1943 wanden sich hinter dem Quai du Port die Gassen des mittelalterlichen Marseille. Als Wohnlage sind die nüchternen Häuserzeilen heute nicht nur wegen des Hafenblicks begehrt. Großzügige Wohnungen, in denen es an luxuriöser Ausstattung mit Parkett und bodentiefer Fensterfront nicht fehlt, zeichnen die in den 1950er-Jahren erbauten Blöcke aus.

Der Kai auf der Südseite des Hafenbeckens heißt **Quai de Rive Neuve** und ist Heimat einiger privater Theater sowie des **Théâtre National de Marseille** [1] in der ehemaligen Fischauktionshalle La Criée (s. S. 111). Ansonsten bestimmen wie auf der anderen Seite auch Café- und Restaurantterrassen das Bild – es gehört zu den Lieblingsritualen der Marseillais, am Hafen zu sitzen, um mit Blick auf den Mastenwald ein Glas zu trinken.

---

### Infos und Öffnungszeiten

**Église St-Ferréol:** Mo–Fr 7.10–19, Sa, So 12–15 Uhr.
**Musée d'Histoire de Marseille:** Sq. Belsunce, Centre Bourse, Tel. 04 91 90 42 22, www.marseille.fr, Mo–Sa 12–19 Uhr, Fei geschl., 2 €, ermäßigt 1 €.

### Terrassen am Kai

**La Brasserie de l'OM** [1] ist die erste Adresse am Quai des Belges (25, quai des Belges, Tel. 04 91 33 80 33, tgl. 7–14 Uhr, Tagesgerichte um 15 €). Der Supporter-Treffpunkt des Marseiller Erfolgsfußballsklubs OM (Olymique Marseille) wurde kürzlich neu gestylt. Weiße Designerbänke, schwarz gepolsterte Wände drängen König Fußball in den Hintergrund – nur bei der Übertragung von Spielen geben die Plasmabildschirme an der Wand wieder den Rhythmus in der Nobelbrasserie vor. Ansonsten genießt man eine moderne Brasserieküche, mit Blick auf den Hafen. Und *tout Marseille* sitzt bei Tisch. Noch begehrter wegen des grandiosen Blicks und der breiten Terrasse ist die **Bar de la Samaritaine** 2 (2, quai du Port, tgl. 6–1 Uhr). Der verglaste halbrunde Saal des bodenständigen Cafés schiebt sich wie ein Schiffsbug an den Vieux Port und garantiert fast rund um die Uhr Sonne. Die Terrasse ist entsprechend beliebt zum Frühstück nach durchtanzter Nacht (9–12 €), spätnachmittags zum Aperitif sowie zum Sehen und Gesehenwerden, und

dies seit 1910. **La Caravelle** 3 (34, quai du Port, 7–2 Uhr) heißt die Bar im ersten Stock des Hotels Bellevue (s. Übernachten, S. 88) und lockt mit dem definitiv aussichtsreichsten Balkon am Vieux Port. Abends zum Aperitif steht zudem die Sonne auf der Fassade. Interessanter in puncto Klientel wird es zu später Stunde, wenn sich die drei kleinen Säle mit der ramponierten, aber originalen 1930er-Jahre-Einrichtung im Shabby-Chic-Stil mit Paradiesvögeln füllen. Mittags funktioniert die Bar auch als Restaurant (à la carte 15–20 €). Die **Bar de la Marine** 4 (15, quai de Rive Neuve, 7–2 Uhr) ist ein *place to be* für den Aperitif mit Tapas, Quiche oder Minipizza und Blick auf den Hafen. Die im Stil einer Bar aus den 1930er-Jahren gehaltene In-Adresse funktioniert jedoch schon früh morgens für den ersten Kaffee, mittags zum Essen, und zu später Stunde als unverwüstliche Before-Anlaufstelle. Eyecatcher bleibt *le zinc,* die mit Zinkblech beschlagene Theke.

**Hier gibt's den besten und frischesten Fisch Marseilles: am Quai des Belges im Vieux Port**

# 4 | Wo ›tout Marseille‹ zu Tisch geht – im Carré Thiars

**Karte:** ▶ A E 7/8 | **Metro:** Vieux Port

**Zwischen der Place aux Huiles und dem Cours d'Estienne d'Orves brummt's. Die vielen Flaneure lassen keinen Zweifel daran, dass im Carré Thiars die größte Restaurant- und Bardichte der Stadt zu finden ist. Das rund um die Place Thiars im Schachbrettmuster angelegte Viertel entstand vor gut 200 Jahren auf dem Gelände des ehemaligen Arsenals der königlichen Marine.**

Bis zur Verlagerung des Arsenals nach Toulon Ende des 18. Jh. bevölkerten an die 10 000 Galeerensträflinge die Werften der königlichen Kriegsflotte. Die meisten von ihnen waren vom König verurteilte Verbrecher, Deserteure, Andersgläubige oder Landstreicher, die mit dem Schriftzug ›GAL‹ auf der linken Schulter gebrandmarkt wurden und eine rote Mütze tragen mussten. Hinzu-

kamen die sogenannten *turcs,* Sklaven, die auf den Märkten des Orients gekauft wurden. Denn der Bedarf an Galeerensträflingen war enorm: 255 angekettete Ruderer waren nötig, um eine königliche Galeere so richtig in Fahrt zu bringen.

Ein Kanal trennte das Viertel, in dem die Prostitution florierte, von der Stadt. Erst in den 20er-Jahren des 20. Jh. wurde das Becken zugeschüttet, um der Weite des **Cours d'Estienne d'Orves** und der charmanten Place aux Huiles Platz zu machen. Die **Maison du Capitaine** in Hausnummer 21–23 (Eingang in Nr. 21) ist eines der wenigen verbliebenen Zeugnisse aus der Zeit des Arsenals: Hier residierte einst der oberste Befehlshaber über Galeeren und Sträflinge. Unter den wuchtigen Gewölben und dem beeindruckenden Gebälk des Baus stellt die **Maison de l'Artisanat et des Métiers d'Art** **1** in thematischen Ausstellungen anspruchsvolles provenzalisches Kunsthandwerk aus.

## Hochburg für Intellektuelle und Künstler

Das Ende des Arsenals war der Startschuss für die umgreifende städtebauliche Veränderung. 1784 begann man damit, die acht *îlots* genannten Häuserblöcke um die Place Thiars mit dreistöckigen Lagerhäusern zu bebauen. Im Erdgeschoss entstanden Lager und Kontore, die zum Wohnen bestimmte erste Etage wurde mit schlichtem Fassadenschmuck wie etwa Säulen an den Fenstern verziert. Mit dem Zuschütten des Kanals 1923–1926 verloren die Lagerhäuser ihre Direktverbindung zum Vieux Port. Das Carré Thiars durchlief erneut eine Umwandlung. Fisch- und Gemüsehändler zogen in die ehemaligen Lagerhäuser. Wichtiger noch, Journalisten, Verleger, Schriftsteller kamen. Die Redaktion der Tageszeitung »La Marseillaise« fand hier ihren neuen Sitz, schließlich auch die literarische Zeitschrift »Les Cahiers du Sud«, in der die Vertreter der literarischen Elite von Paul Éluard, Marguerite Yourcenar, Léopold Senghor über Céline, René Char, Julien Gracq bis zu Paul Valéry und Jean Giraudoux oft erstmals publizierten.

## Eine Verlegerin als Erneuerin des Viertels

Mit der aktuellen Gestaltung des Viertels aber ist kein Name enger verbunden als der von Jeanne Laffitte. Die Verlegerin und Sammlerin antiquarischer Kostbarkeiten setzte sich in den 1970er-Jahren vehement für den Abriss eines monströsen Parkhauses ein, das den Cours d'Estienne d'Orves verschandelte. Die energische Lokalpatriotin konnte sich durchsetzen. Der Betonkoloss verschwand 1987 und der verkehrsfreie Platz erinnert heute an einen

italienischen, von Café- und Restaurantterrassen gesäumten Corso, über den ganz Marseille flaniert. Jeanne Laffittes Kunstbuchhandlung **Les Arcenaulx 1** in Nummer 25 ist bis heute die tonangebende Adresse zu Geschichte, Kultur und Küche von Marseille und der Provence. Im selben Gebäude, das früher ein Galeerenhangar war, betreibt ihre Schwester Simone ein Restaurant, das mit seinen Bücherregalen wie eine Bibliothek wirkt, und einen Salon de Thé mit viel Verweilqualität. Wer wissen möchte, wie das Carré Thiars bis zu seiner Befreiung vom Autoverkehr ausgesehen hat, kann die Fotos und Erklärungen im **Porche des Arcenaulx,** dem Bogendurchgang zwischen Buchhandlung und Restaurant, studieren.

## Lange Nächte

Das südliche Ende des Cours d'Estienne d'Orves trifft auf die zum Vieux Port abknickende **Place aux Huiles,** an der früher das Olivenöl für die Seifenmanufakturen von Marseille vom Schiff gelöscht wurde. Auf der Platzmitte thront die Büste des Marseiller Komponisten Vincent Scotto (1874–1952), dem Frankreich 4000 Chansons verdankt, darunter das durch Joséphine Baker berühmt gewordene »J'ai deux amours«. Bäume beschatten die Terrassen von Bistros, Cafés und Bars. Abends steht man vor den Eingängen von Jazzklubs und Musikkneipen Schlange. Lang wird die Nacht im Carré Thiars in jedem Fall – denn das Viertel mutiert mit fortschreitender Nacht von der Restaurant- zur Ausgeh- und Klubbingmeile, die sich bei entsprechend lauer Luft von den Theken bis auf die Trottoir fortsetzt. Und für einen Schuss Romantik sorgt der nahe Hafen, in dem die Segelbootmasten schaukeln.

### Infos

**Maison de l'Artisanat et des Métiers d'Art:** 21, cours d'Estienne d'Orves, Tel. 04 91 54 80 54, www.maisondelartisanat.org, Di–Sa 13–18 Uhr, Eintritt frei.

### Übernachten in der alten Capitainerie

Das **Etap Hôtel Marseille Vieux Port**  (46, rue Sainte, Tel. 08 92 68 05 82, 0,34 €/Min., www.etaphotel.com, DZ ab 57 €) bietet 147 ordentliche und saubere Zimmer ohne besonderen Charme – mit Ausnahme der wenigen Zimmer im Altbauflügel, der einmal Sitz der Capitainerie des Arsenals war. Freigelegte alte Balken, der Blick auf den belebten, autofreien Cours d'Estienne d'Orves und der günstige Preis sind eine für das Viertel unschlagbare Kombination.

### Außergewöhnlich tafeln

Ein Must für Bücherliebhaber und Treffpunkt Marseiller Intellektueller bleibt **Les Arcenaulx** (25, cours d'Estienne d'Orves, Tel. 04 91 59 80 30, www.

jeanne-laffitte.com, Mo–Sa 12–14, 20–23 Uhr, Juli, Aug. Di–Sa, Menü 26–54 €). Man tafelt zwischen Bücherregalen: Hinter dem Konzept stecken die Schwestern Jeanne und Simone Laffitte. Vor 20 Jahren eröffneten die Verlegerin und die Restaurantchefin in den Mauern eines ehemaligen Galeerenhangars ein mit Bücherregalen und Stichen möbliertes Restaurant (provenzalische Küche von *petis farcis* bis zur *caillette* = Labmagen), eine **Buchhandlung** (auch antiquarische Raritäten, 10–19 Uhr) und einen **Salon de Thé** (Di–So 10.30–19 Uhr).

Weinrestaurants stehen im Carré Thiars hoch im Kurs: **Le 29**  (29, pl. aux Huiles, Tel. 04 91 33 26 44, www.29placeauxhuiles.com, Do–Di, Mittags-Formule 10 €, Menü 21 €, 30 €, 44 €) ist ebenfalls Weinbar und Vinothek. Im Erdgeschoss versinkt man in den dicken Sofas der Bar à vins, um sich einen besonderen Tropfen servieren zu lassen – den man ebenfalls per Flasche oder Kiste kaufen kann. Ein Stockwerk höher sitzt man in roten und grauen Fauteuils am akkurat eingedeckten

**Olivenöl und echte Seife aus Marseille – an der Place aux Huiles wird man fündig**

Tisch und erfreut sich am Fisch des Tages mit Gemüse aus dem Wok – als *fusion cuisine* ließe sich die moderne Küche beschreiben. Unter den 250 Tropfen werden viele im Glas angebotet. – Die schokoladenbraune Markise und das elegante Entree geben den Ton für das noble Weinrestaurant **La Trilogie des Cépages** 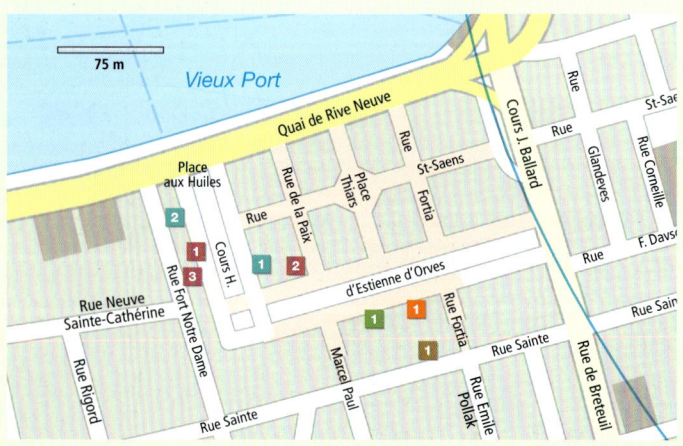 an (35, rue de la Paix Marcel Paul, Tel. 04 91 33 96 03, www.trilogiedescepages.com, Sa mittags, So, Mo geschl., Menü 28 €, 40 €, 52 €). Getafelt wird vor deckenhohen Weinregalen – 950 Appellationen stehen im Angebot. Dazu passend ist das Käseangebot überwältigend, auch bei den Vor- und Hauptspeisen wie etwa der Cassolette mit cremigen Cabécou-Käse und Lavendelkartoffeln oder dem Cappuccino vom Krebs mit Frischkäseschaum.

Nordafrika ist mit dem **Le 504** vertreten (34, pl. aux Huiles, Tel. 04 91 33 57 74, Mo mittags geschl., Mittags-Formule 13–20 €, à la carte 27 €). Die drei Ziffern im Namen des Couscous-Restaurants verweisen auf das legendäre Peugeot-Model 504, das sich in Nordafrika nach wie vor größter Beliebtheit erfreut.

### Durch die Nacht

In-Places wechseln im Carré Thiars häufig. Ein Klassiker bleibt **Le Marlin**  (7, pl. aux Huiles, Di–So 17–2 Uhr). Innen ist das umtriebige Lokal wie ein Schiff eingerichtet – was man wegen des großen Andrangs von Gästen allerdings kaum wahrnimmt. Es geht hoch her, die Theke ist umkämpft, an ein Glas zu kommen, ist nicht ganz einfach. Der guten Stimmung tut's dank regelmäßigen DJ-Auftritten und Live Acts (ab 23 Uhr) keinen Abbruch. Als kleiner Happen werden *kémia* (provenzalische Tapas) angeboten. Auf den Punkt gebracht: eine der nettesten Arten, in das Nachtleben von Marseille zu starten.

Ein fester Ankerplatz in der tosenden Nacht ist das schräg gegenüber gelegene **Le Pelle Mêle**  (8, pl. aux Huiles, tgl. 18–2 Uhr). Das Jazz-Bistro ist seit Jahren die Adresse, um einen Hauch New Orleans und New York zu genießen. Von Mittwoch bis Samstag treten unbekanntere, aber auch renommierte Bands oder Solisten auf. Die Skaibänke mit den atmosphärisch passenden Schwarz-Weiß-Fotos sind dann gut gefüllt.

# 5 | Kaufrausch und Kunst – die Rue de Grignan

**Karte:** ▶ E/F 8 | **Metro:** Estrangin Préfecture

**Wo im 18. und 19. Jh. Reeder und reiche Kaufleute ihre Palais errichten ließen, pulsiert heute das Leben auf der elegantesten Boutiquenmeile der Stadt. Mittendrin: das Musée Cantini im ehemaligen Palais der Compagnie du Cap Nègre (1694). Das Museum der klassischen Moderne zeigt Werke von Picasso bis Dufy.**

## Feine Adresse aus der Glanzzeit der Stadt

Im 17.–19. Jh. entdeckten Reeder und reiche Händler die hafennahe Rue de Grignan, die vom Palais de Justice sacht zum Cours Julien ansteigt. Manche von ihnen trugen den Titel eines Pascha, der auf abenteuerlichen Karrieren im Orient erworben war. Entsprechend nobel ist die Bebauung. Den Auftakt macht am westlichen Ende der Straße ein 1933 errichteter Anbau des **Palais de Justice** 1 . Wuchtige Säulenreihen pochen an der Fassade auf die Macht der Justiz. Nüchtern wirkt ein paar Schritte weiter an der Ecke Rue Breteuil/Rue de Grignan die **Kirche St-Charles** 2 (1825–1845). Hinter der klassizistisch strengen Fassade verbergen sich im Innern ein pompöser Altar aus mehrfarbigem Marmor, den der Marseiller Bildhauer Jules Cantini im 19. Jh. geschaffen hat.

## Shopping im Palais

Die Rue de Grignan entwickelt sich mit jedem Schritt weiter in östlicher Richtung zur exklusiven Boutiquenmeile mit barocker Pracht. An den Hausnummern 60 und 62 fallen die kunstvollen schmiedeeisernen Balkon- und Fenstergitter ins Auge. Mehr noch aber zieht die Auslage der **Établissements Flachot** 1 die Blicke auf sich. Der Laden behauptet sich seit 1905 als erste Adresse der Stadt für Tuche und Stoffe und ist erst vor ein paar Jahren vom lär-

**Übrigens:** Im selben Palais, in dem Marianne Cat ihren Sitz hat, befindet sich auch das Büro des **Ensemble Musica Treize,** das unter der Leitung von Roland Hayrabedian souverän klassische und zeitgenössische Musik aufführt. Musica Treize ist mit eigenwilligen Interpretationen weit über die Stadt hinaus bekannt geworden. Das aktuelle Programm gibt es im ersten Stock (Tel. 04 91 55 02 77, www. musicatreize.org).

menden Cours Balard in die feine Einkaufsstraße umgezogen. Spezialität von Flachot sind Markisen, Segeltuch und Vorhänge. Fertig zugeschnittene Streifenbezüge des katalanischen Tuchherstellers Maison Quinta für Gartenliegen sind fast immer auf Lager.

Etliche der folgenden Stadtpalais dienen exklusiven Modeläden als nobler Showroom, allen voran dem von **Marianne Cat 2**. Die tonangebende Boutique für Avantgarde-Mode belegt das Erdgeschoss im **Hôtel de Paul,** einem spätbarocken Stadtpalais von 1760 mit herrlicher Louis-XVI-Fassade. Unter dem gigantischen Murano-Leuchter aus den 1940er-Jahren präsentiert die sympathische Modedesignerin ihre eigene minimalistische Kollektion. Hinzu kommen belgische Trendsetter wie Véronique Leroy und Ines Raspoort oder Japaner wie Atsuro Tayama. Außer Kleidung sind Schmuck, Lederwaren und Designmöbel der 1930er- bis 1950er-Jahre im Angebot – das ergibt ein Concept Store mit fast New Yorker Schick.

An der Ecke Rue de Grignan/Rue Paradis lohnt das **Hôtel Pascal 3** von 1774 einen Blick. Die Fenster von Erdgeschoss und erster Etage zieren schmiedeeiserne Gitter und kunstvoll gearbeitete, steinerne Masken. Nebenan tut sich mit dem **Atelier Quinze 3** ein Paradies für Kinder auf. Der Inhaber und Innenarchitekt Jean-Luc Benech entwirft Spielzeug und Kindermöbel aus Holz, und zwar so knallbunt, dass auch Erwachsene glänzende Augen bekommen.

Noch ein Shoppingtipp, und dazu einer, der in Marseille von Bedeutung ist. Wer an den Stränden der Stadt eine topmodische Figur machen möchte, ist mit einem Besuch bei **Vilebrequin 4** gut beraten. Die von St-Tropez bis auf die Bahamas angesagte Marke für Badeshorts bringt jedes Jahr neue Kollektionen heraus. Das Erkennungszeichen sind große, bunte Muster. Dazu gibt's Handtücher und Badeschuhe.

### Das schönste Museum der Stadt

Von Jules Cantini war bereits die Rede. Der Bildhauer vediente mit bombastischen Marmorwerken im bau- und ornamentwütigen Second Empire ein Vermögen. 1888 bezog er mit dem Stadtpalais in der Rue de Grignan Nummer 19 ein standesgemäßes Domizil. Der elegante Bau von 1694 wurde von Nicolas Chapentier als Sitz der Schifffahrtsgesellschaft La Compagnie du Cap-Nègre entworfen, die ihr Geld mit Korallen von der algerischen Küste verdiente. Cantini war leidenschaftlicher Kunstsammler. Bei seinem Tod im Jahr 1916 vermachte er das Palais samt seiner Sammlung von Fayencen, Tapisserien und Mobiliar der Stadt Marseille, die 1936 in den Räumlichkeiten das **Musée Cantini 4** eröffnete.

Anfang der 1950er-Jahre wurde die Sammlung konsequent auf die künstlerische Moderne im 20. Jh. erweitert. Zu den zentralen Werken gehören heute die 1900 von Henri Matisse gemalte »Académie d'homme« oder das 1933 entstandene »Développement en brun« von Wassily Kandinsky. Bilder von Raoul Dufy und Georges Braque vermitteln ein Bild von Marseilles Vorort L'Estaque, der zu Beginn des 20. Jh. Heimat einer bunt zusammengewürfelten Künstlerkolonie war, zu der auch August Macke zählte. Im noblen Rahmen des Palais werden zudem fauvistische und surrealistische Werke sowie moderne Klassiker der Malerei von Bacon, Ernst, Léger, Picabia, Picasso, Derain, Giacometti, Dubuffet, Rothko oder Hopper gezeigt. Aus den Sammlungen, die die zweite Hälfte des 20. Jh. umfassen, entstand 1994 an der Avenue Haïfa das Musée d'Art Contemporain, kurz MAC genannt (s. S. 77).

## Nüchterner Ausklang

Der **Temple protestant** 5 schließt den Bummel in Hausnummer 15 ab. Der strenge, fast abweisende Bau war bei seiner Einweihung im Jahr 1825 die erste protestantische Kirche der Stadt. Ein letzter Tipp sei noch angefügt, diesmal für Musikliebhaber: Die moderne Orgel der Kirche stammt vom Straßburger Orgelbauer Afred Kern und wurde 1982 eingebaut.

### Infos und Öffnungszeiten

**Musée Cantini:** 19, rue de Grignan, Tel. 04 91 54 77 75, www.framemuseums.org, Juni–Sept. Di–So 11–18, sonst 10–17 Uhr, 2 €.
**Temple protestant:** 15, rue de Grignan, tgl. 9–18 Uhr, außer zu Messen.

### Shoppingtipps

**Etablissements Flachot:** 56, rue de Grignan, www.flachot.fr, Di–Fr 9.30– 12.30, 13.30–18, Sa 9–12, Mo 14–18 Uhr.
**Marianne Cat:** 51, rue de Grignan, Tel. 04 91 55 05 25, Mo 14–19, Di–Sa 10–19 Uhr.
**Atelier Quinze:** 50, rue de Grignan, www.atelierquinze.com, Di–Sa 10–12, 14–19 Uhr.
**Vilebrequin:** 32, rue de Grignan, www.vilebrequin-13.com, Mo–Sa 10–13, 14–19 Uhr.

# 6 | Gute Mutter der Stadt – Notre-Dame-de-la-Garde

**Karte:** ▶ E 9 | **Metro:** Vieux Port; weiter mit Buslinie 60 ab Cours Jean Ballard bis Haltestelle Notre-Dame-de-la-Garde

**Unübersehbar überragt Notre-Dame-de-la-Garde ganz Marseille. Zu Füßen des 162 m hohen Hügels, auf dem die ›bonne mère‹ der Marseillais thront, steigen Gassen, Treppen, Stiegen an. Auf Schusters Rappen dauert der Weg vom Cours Pierre Puget nach oben eine gute halbe Stunde. Er führt über dorfähnliche Plätze und durch die grüne Oase des Jardin de la Basilique. Oben angekommen, scheint der Vieux Port beschaulich klein, das Häusermeer ringsherum endlos.**

Die im trompetenden Stil des Second Empire errichtete **Basilika Notre-Dame-de-la-Garde** 1 gilt als das Wahrzeichen von Marseille schlechthin. Der neobyzantinisch-neoromanische Kolossalbau reiht sich in eine Vielzahl von Prestigebauten ein, mit der Napo-

leon III. während des Second Empire (1852–1870) Flagge in Marseille zeigen wollte – das Bassin de la Joliette 1853, die Kathedrale Nouvelle Major 1852, das Palais de la Bourse 1860. Kein Bau aber sollte von den Marseillais so ins Herz geschlossen werden wie die 1853–1870 vollendete Basilika. Ein Grund ist sicher die auf dem 41 m hohen Campanile thronende goldene Muttergottesstatue, im Volksmund ›la bonne mère de Marseille‹ (= die gute Mutter von Marseille) genannt.

## An heiligem Ort

Als heiliger Ort wird der La-Garde-Hügel seit dem frühen 10. Jh. verehrt. Eine erste Pilgerkapelle entstand jedoch erst im 13. Jh. auf Betreiben eines Mönches der Abbaye St-Victor (s. S. 76). Im 16. Jh. wurde die Kapelle erweitert und der für den Schutz des Hafens strategisch wichtige Hügel befestigt. Die Kapelle avancierte im folgenden Jahrhundert mehr und mehr zum Wallfahrtsort für Seeleute, was sie vor der Zerstörung während der Französischen Revolution bewahrt hat.

Erst die mit flirrenden Mosaiken ausgekleidete Basilika Notre-Dame-de-la-Garde aber brachte den Glaubenseifer richtig in Fahrt – die vielen Exvotos (Votivgaben) im Gotteshaus sprechen Bände. Dass der Bau überhaupt vollendet wurde, grenzt bereits an ein Wunder. Jacques-Henri Espérandieu, der vom Bischof von Marseille mit dem Bau beauftragte Architekt, war bei Beginn der Arbeiten erst 24 Jahre alt und entsprechend unerfahren. Immer wieder wurden die Arbeiten unterbrochen. Mal fehlte Geld, mal sackten die Fundamente ab. Erst großzügige Spenden der Marseillais und von Napoleon III. ermöglichten 1870 die Positionierung der vergoldeten, 11,20 m hohen und 11,5 t schweren Marienstatue auf dem Campanile. Der Mosaikschmuck im Innern wurde jedoch erst 1892 vollendet und strahlt nach der kürzlichen Sanierung wieder wie am ersten Tag.

## Unterkirche, Oberkirche

Wie die Mauern, die das Plateau umgeben, auf dem die Basilika fußt, ist auch die hölzerne Zugbrücke zur **Église Basse** (Unterkirche, Krypta) ein Überbleibsel alter Festungsanlagen, die unter König Franz I. im 16. Jh. entstanden sind. Der zurückhaltend ausgeschmückte romanische Innenraum der Unterkirche hütet das anmutige Standbild der »Heiligen Jungfrau mit dem Blumenstrauß«.

Mit der stilistischen Zurückhaltung hat es in der **Église Haute** (Oberkirche) ein Ende: Ihr gewaltiges Bronzeportal wiegt knapp 2000 kg. In der byzantinisch inspirierten Kuppel über dem Langhaus glänzen Mosaike aus goldenen Steinchen und mehrfarbigem Mar-

mor, die man ebenfalls an den Decken wiederfindet. Die Wandbilder sind im Stil der damals modernen Düsseldorfer Schule gehalten. Der wuchtige Altar aus rotem Marmor wird von einer silbernen Madonna gekrönt, die bereits 1837 von dem damals führenden Silberschmied Jean-Baptiste Chanuel angefertigt wurde.

Aus dem flirrenden Innenschmuck stechen die Exvotos in den Jochbögen hervor: Die schönsten und ältesten stammen von Marseiller Seeleuten und drücken in anrührend naiven Bildern den Dank für Rettung aus Sturm und vor Schiffbruch aus. Leider wurden 1793 an die 200 Votivgaben von Revolutionären beschlagnahmt und verkauft. So stammt das älteste heute aus dem Jahr 1810. Auch die Flagge von Général de Montsabert, der Marseille am 21. August 1944 von den Deutschen befreit hat, hängt zwischen den Exvotos. »Sie [gemeint ist Notre-Dame-de-la-Garde] hat alles gemacht«, begründete Monsieur le Général die Schenkung. Jedes Jahr kommen neue Dankesgeschenke hinzu, wie eine Abendmahlszene zeigt, auf der die französischen Sieger des Fußballeuropapokals versammelt sind.

**Übrigens:** Im Zweiten Weltkrieg war der Hügel von Notre-Dame-de-la-Garde hart umkämpft. Noch nach der Befreiung der Stadt im August 1944 hatten sich deutsche Truppen hier oben verschanzt. An die Kämpfe erinnert auf der Nordseite der Basilika der von der deutschen Artillerie zerschossene französische Panzer Jeanne d'Arc. Am 14. August erinnert eine **Lichterprozession,** die an dem Panzer beginnt, an die tragischen Ereignisse.

## Die Missionsschwestern bitten zu Tisch

Von der Église Haute führt eine Treppe zur **Caféteria-Restaurant L'Eau Vive**. Auf dem Weg kann man einige herrliche Schiffsmodelle bewundern, die wie die Exvotos von Seeleuten und Reedereien gestiftet wurden oder von Nonnen gebastelt worden sind. Das herzerfrischend einfache Restaurant führen Missionsschwestern. Mit dem Klang eines »Ave Maria« im Ohr kann man deftig und günstig speisen. Etwas Schlange stehen gehört manchmal allerdings dazu. Mit ca. 1 Mio. Besuchern pro Jahr ist die Basilika die wichtigste Attraktion von Marseille und das meistbesuchte Heiligtum der Provence: ein schöneres 360-Grad-Panorama über Marseille als von der Basilika aus gibt es eben nicht! Unter den Besuchern sind neben Touristen allerdings ebenfalls viele Pilger – schließlich bleibt sie in erster Linie eine Kirche.

### Infos und Öffnungszeiten

**Notre-Dame-de-la-Garde:**
Montée de la Bonne Mère, www. notredamedelagarde.com, im Sommer von 7 Uhr bis Sonnenuntergang geöffnet, im Winter 7–18.15 Uhr.

### À table bei den Missionsschwestern

**Caféteria-Restaurant L'Eau Vive:**
Di–So mittags, à-la-carte-Gerichte um 17 €.

### Grüne Hide-aways

Der **Jardin de la Colline Puget** **1** (Rue Abbé Dassy) ist der älteste öffentliche Park von Marseille und wurde im Jahr 1801 angelegt. Das grüne Hide-away vereint ein Geflecht steiler Treppen, herrliche Ausblicke, einen Spielplatz und die Büste des Barockbaumeisters Pierre Puget – kurzum, ein idealer Zwischenstopp beim Auf- oder Abstieg zur bzw. von der Basilika. Auch die 1911 angelegten Parkanlagen des **Bois-Sacré** **2** auf der südlichen Flanke des La-Garde-Hügels laden zum Verschnaufen ein. Der im Zickzack angelegte Weg hoch zur Basilika wird von Zypressen, Kermeseichen, Zedern und Olivenbäumen gesäumt. Wer sich die Mühe macht, Speis und Trank mitzuschleppen (Rucksack!), kann unterwegs ein Picknick im Grünen machen. Lauschiger ist kaum ein anderer Park von Marseille.

Pl. de la Corderie
H. Bergasse
R. du Petit
Chantier
R. Robert
Boulevard de la Corderie
Jardin de la Colonne
Jardin P. Puget
Rue des Lices
R. Abbe Dassy
R. Chaix
Tunnel
R. de J. Jean
R. J. Moulet
Montée de l'Oratoire
Rue Vauvenargues
Bd André Aune
Prado Carenage
Plateau Chercheu
R. Bayard
Imp. Marignan
Rue Marignan
Pl. Cl. Edon
Pl. St-Maria
Boulevard Tellène
Stade Tellène
Jardin Poinso
Chapuis
R. Fort du Sanctuaire
Montée Cdt. R. Valentin
R. du Castellet
Imp. Blanc
Chemin du Roucas
Trav. du Genie
Imp. du Louriel
Avenue du Bois Sacré

200 m

# 7 | Wiege des französischen Rap – La Plaine

**Karte:** ▶ F/G 7 | **Metro:** Noailles oder Notre-Dame-du-Mont-Cours-Julien

**Als Viertel der alternativen, jungen Szene hat sich La Plaine – ›die Ebene‹ – etabliert, das Quartier zwischen der weiten Place Jean Jaurès und dem lebhaften Cours Julien. Wie ein kleines Hochplateau liegt das Viertel über der südlichen Altstadt. Kultbands wie Massalia Sound Systeme oder 45 Niggaz haben in La Plaine ihre ersten Konzerte gegeben und Marseille zur Hauptstadt des französischen Rap gemacht.**

## Großes (Straßen-)Theater

Das **Théâtre des Bernardines**  am Boulevard Garibaldi in der denkmalgeschützten Barockkapelle eines ehemaligen Klosters ist eine der innovativsten Bühnen der Stadt und zugleich der nördliche Vorposten der Plaine. Das gewagte Konzept, im Chor eine Bühne einzurichten und das Kirchenschiff zum 100 Plätze fassenden Zuschauerraum umzuwandeln, passt zum aufmüpfigen Viertel. Nach Süden hebt sich der Cours Julien leicht an. Erste Cafés, Szenebars, Streetwear-Modelabels und flippige Läden reihen sich aneinander. Noch wirkt der Cours wie eine Straße. Auf Höhe der **Place Carli** 2 ändert sich das Bild. Der Cours Julien weitet sich zum lang gezogenen Platz. Eine Ausleihstation von **Le Vélo** 1 am Cours Julien gehört auf Höhe der Place Carli zum alternativen Grundton der Plaine.

Der Verkehr bleibt im oberen Teil des **Cours Julien** 3 außen vor, seit die Landschaftsgärtnerin Isabelle Linski den Platz 1979 neu gestaltet hat. Eine Brunnenanlage mit türkis leuchtenden Becken lädt zum Verweilen ein. Die Szenerie wirkt wie ein mit Olivenbäumen und Zypressen aufgeforsteter Prenzlauer Berg. Mehr noch als ein Platz ist der Cours Julien ein Lebensgefühl. Man trägt Jeans und Sweatshirts von April

**Übrigens:** Das Käsemenü in der alteingesessenen Käsehandlung **Bataille Fromagerie des Alpes** 4 in der Rue Fontaine Nummer 18, die heute vom Pariser Feinkosthändler Hédiard betrieben wird, ist nicht nur ein Tipp für Vegetarier. Die grandiose Käseauswahl ist um eine ebenbürtige Feinkostabteilung bereichert worden, die die besten Spezialitäten aus ganz Frankreich führt. Ebenfalls neu ist der Mittagstisch: Das *menu fromages* mit fünf Käsesorten und einem Viertelliter Wein gibt es für 13 €.

77 oder Tcheka, gibt sich cool. Apropos cool: Beim **Marché de Créateurs** 1 zeigen Kreative des Viertels aus Mode, Design und Kunst alle drei bis sechs Monate mittels Modenschauen, Installationen und Aktionskunst, wohin der Trend geht. Ein Mode-Event, das seinesgleichen sucht!

### ›Fressgasse‹ zum Markt

Am südlichen Ende des Cours Julien beherrscht **Notre-Dame-du-Mont** 4 den gleichnamigen Platz. Die düstere Innenausmalung der neoklassizistischen Kirche (1780–1854) kontrastiert mit dem bunten Leben ringsherum. Im Halbdunkel tastet der Blick die in Etappen dargestellte Vita der Muttergottes ab. Die vom Platz abzweigende **Rue Fontange** 5 ist eine ›Fressgasse‹ mit

renommierter Käsehandlung (s. Tipp links), Feinkost- und Gemüseläden. Der Straßenname wechselt, man geht nun auf der Rue St-Michel weiter, das Ziel bleibt: Der Markt auf der endlos weiten **Place Jean Jaurès** 6. Wenn Gemüsehändler und Marktbeschicker dienstags-, donnerstags- und samstagsmorgens ihre Stände aufbauen, wird es quirlig auf dem Platz, der bis zur Französischen Revolution als Exerzierfeld gedient hat. Typisch für die Randbebauung sind die seit dem 17. Jh. das Stadtbild prägenden *maisons trois-fenêtres* mit je drei Fenstern pro Etage. Hier stammen die meisten aus dem 19. Jh., als der Platz für die Bevölkerung erschlossen wurde. Wie schon weiter unten am Cours Julien säumen Szenecafés und Klubs das Geviert.

### Szene-Idyll

Fast dörflich kommt das Viertel in den Gassen zwischen Place Jean Jaurès und Cours Julien daher. In der Rue des Trois Rois, der Rue Vian oder der Rue Bussy l'Indien übt sich die Szene als Dorf. Man sitzt auf dem in die schmale Straße gerückten Stuhl. Kleine Mode-, Musik- und Designlabels sind in die Ladenlokale eingezogen. Sprayer haben ganze Wände mit Comicszenen und Graffitis ›verschönert‹. Dann lichtet sich das Gassengeflecht. Unverhofft steht man wieder am Cours Julien, wo sich mit Sicherheit ein Caféstuhl inklusive Blick auf das bunte Treiben findet.

### Infos und Öffnungszeiten

**Théâtre des Bernardines:** 17, bd. Garibaldi, Tel. 04 96 11 04 61, www.theatre-bernardines.org, Tickets 12 €/8 €.
**Notre-Dame-du-Mont:** Pl. Notre-Dame-du-Mont, www.nd-du-mont.paroisse.net, Do, Sa 14.30–17.30 Uhr.

**Marché des Créateurs:** Cours Julien, Tel. 06 03 16 43 25, Programm siehe http://marchedecreateurs.free.fr.

### Mit dem Rad unterwegs

**Le Vélo:** Cours Julien, Station 6114, bezahlt wird mit der Kreditkarte am

Automaten (30 Min. frei, dann jede weitere volle Std. 1 €), die Station steht mit Angabe der Zahl der vorhandenen Leihräder im Internet: www.levelompm.fr, s. auch S. 24.

### Märkte und Veranstaltungen

Eine ganze Reihe von besonderen Märkten belebt den Cours Julien. Zum **Marché Paysan** kommen mittwochs Bauern aus dem Umland von Marseille, um ihre Ökoprodukte anzubieten. Der **Marché aux Livres** ist ein antiquarischer Büchermarkt, der an jedem zweiten Samstag des Monats zum Stöbern einlädt. Zu den **Journées des Plantes** bringen Baumschulen, Gärtnereien und Floristen den Cours Julien 2 x im Jahr (April, Sept.) zum Blühen. Die **Fête du Plateau,** das Stadtviertelfest an einem Wochenende im September, flutet nicht nur den Platz, sondern auch die umliegenden Gassen mit Konzerten und Straßentheateraufführungen. Mehr Informationen erhält man beim Verein **Association du Cours Julien** (6, rue des Trois Rois, Tel. 04 96 12 07 76, www.coursjulien.marsnet.org), auf dessen Website ein Veranstaltungskalender zu finden ist.

### Ungewöhnliche Restaurants

Unkonventionell wie La Plaine selbst ist die Restaurantszene des Viertels. **La Menthe Sauvage** [1] (3, rue Guy-Mocquet, Tel. 04 91 58 48 82, Mo–Do abends, So geschl., mittags Formule 11 €, Menü abends 16 €) ist eine seltene Ausnahme unter den nordafrikanischen Restaurants von Marseille, weil die Küche ausnahmsweise einmal algerisch, bei einigen Rezepten sogar die der Hauptstadt Algier ist. Jeden Freitag gibt es ein *couscous algérois* (aus Algier), ohne Tomaten, dafür mit Zimt, Sellerie, Kürbis und in Orangen-blütenwasser getränkten Rosinen. **La Cantinetta** [2] (24, cours Julien, Tel. 04 91 48 10 48, Di–Sa, Mittagsmenü Di–Fr 11–14 €, à la carte 25–30 €) ist ein ungezwungenes italienisches Bistro – Osso Buco, Büffelmozzarella, Porcini aus dem Backofen und Risotto stehen auf der Karte. Dazu gibt es italienische Weine, die im lauschigen Gartenhof umso besser munden. Quietschbunt und winzig ist **L'Eléphant Rose à-Pois-Blancs** [3] (3, rue des Trois Rois, Tel. 04 91 47 34 68, Di–Sa 12–20 Uhr, im Sommer auch So, kleine Speisen um 7 €). Die Hauptattraktion ist hier das hausgemachte Eis aus Bioprodukten; Salate und jeden Mittag eine herzhafte *tarte du jour* munden ebenfalls gut. Die junge Besitzerin hat das Lokal erst vor Kurzem gegründet und im Nu zu einer Institution an der Plaine gemacht. Der einzige Nachteil: Das Platzangebot ist begrenzt. **Bataille Fromagerie des Alpes** [4]: s. S. 48, Di–Sa 8.30–20 Uhr.

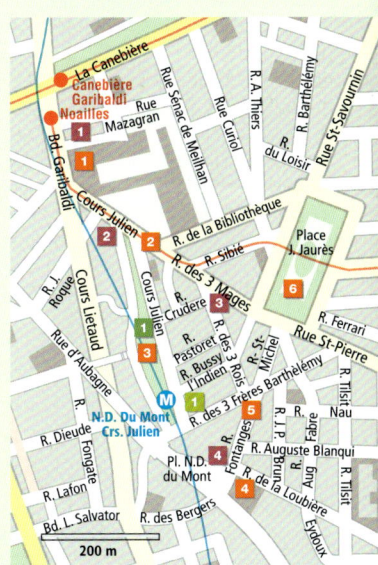

**Karte:** ▶ E–G 7 | **Metro:** Vieux Port, Noailles oder Réformés

Der Prachtboulevard wurde 1666 im Rahmen einer Stadterweiterung angelegt. Der Name geht auf die früher hier ansässigen Seilmanufakturen zurück, die mit Hanf arbeiteten (provenzal. ›canèbe‹). Die Canebière war als Visitenkarte der Stadt gedacht – und wird es nach zwischenzeitlichem Niedergang langsam wieder. Der Verkehrsfluss wurde eingedämmt und eine ultramoderne Straßenbahn surrt über den Mittelstreifen.

Wuchtige Fassaden ehemaliger Grand Hôtels, Kaufhäuser, Banken und Firmenverwaltungen bestimmen den breiten Boulevard, der in seiner heutigen Form 1928 vollendet wurde. Delfine schmücken die Straßenlaternen, die die Canebière abends in festliches Licht tauchen. Atlanten zieren einige Fassaden wie etwa in Hausnummer 67 und 102. Karyatiden tragen den opulenten Fassadenschmuck am ehemaligen **Hôtel Louvre et Paix** **1** von 1863, das heute das Kaufhaus C&A beherbergt (Nr. 49–57) sowie am Eckhaus zur Rue Vincent Sotto.

## Mord und Mode

Die wichtigsten öffentlichen Gebäude reihen sich am nördlichen Abschnitt der Canebière zwischen Quai des Belges und Cours Belsunce. Für ein paar hundert Meter pocht Marseille auf Großstadt. Der **Palais de la Bourse** **2**, die ehemalige Börse, wurde 1852–1860 im neobarocken Stil errichtet. Der Prachtbau feiert mit aufwendig gestalteter Fassade, inklusive der Allegorien von Handel, Industrie, Landwirtschaft, sowie stilisierten Schiffsbugs und gewaltiger, in schwarz-weißem Marmor ausgelegter Halle den Triumph der Stadt auf den Weltmärkten des 19. Jh. Heute haben die Handelskammer und das **Musée**

**de la Marine et de l'Économie** hier ihren Sitz. Das Museum zur Handelsgeschichte von Marseille zeigt im bombastischen Foyer der alten Börse Modelle von Schiffen, Galeeren, Dampfmaschinen sowie Plakate von Schifffahrtsgesellschaften. Ungefähr auf Höhe der Börse fand 1934 der spektakuläre Doppelmord am jugoslawischen König Alexander und dem französischen Außenminister Louis Barthou statt. Auf der gegenüberliegenden Straßenseite gibt am Laternenpfahl ein gusseisernes Schild eine bebilderte Version des dramatischen Vorgangs wieder.

Mit dem **Musée de la Mode** 3, dem Modemuseum (auch Espace Mode) in einem von Stararchitekt Jean-Michel Wilmotte umgebauten Belle-Époque-Bau, der 1892 als Atelier des Modemachers Armand Thierry errichtet wurde, stellt sich Marseille als Fashion-Metropole vor. Alle großen Namen von Modeschöpfern der Haute Couture und des Prêt-à-Porter sind in den Sammlungen vertreten. Das im Erdgeschoss untergebrachte **Lina's Café** ist ein angesagter Treffpunkt (Mo–Fr 9–17 Uhr).

## Charmanter Abschluss

Luxusgeschäfte oder -hotels sucht man heute an der Canebière vergeblich und bis in die oberen, südlichen Teil ist die Wiedergeburt des Prachtboulevards noch nicht ganz vorgedrungen, doch *tout Marseille* scheint im Laufe eines Tags über die Trottoirs zu flanieren. Auf Höhe der Metrohaltestelle Réformés prägen in Seitenstraßen wie der Rue Senac de Meilhan Straßenstrich und Plüschkaschemmen das Bild – eher harmlos und ein bisschen anrührend, weil so charmant gestrig wie aus einem Film mit Lino Ventura.

**Eleganter Rahmen für Handelskammer und Museum: der Palais de la Bourse**

Den einladenden Abschluss der Canebière bildet der **Square Stalingrad** [4]. Dienstags und samstags breiten Blumenhändler ihre blühende Pracht für den **Marché aux Fleurs** aus, immer sind die Caféterrassen gut besucht.

Zum Frühjahr 2010 sind zudem die Bouquinisten zum benachbarten **Square Léon Blum** [5] umgezogen und bereichern so das Leben an der oberen Canebière um ein Open-Air-Antiquariat.

### Infos und Öffnungszeiten

**Le Palais de la Bourse** [2]: 9, La Canebière, Foyer zugänglich Mo–Fr 9–16 Uhr.

**Musée de la Marine et de l'Économie de Marseille:** Rue de la Reine Elisabeth, Tel. 04 91 39 33 33, tgl. 10–18 Uhr, 2 €.

**Musée de la Mode** [3]: 11, La Canebière, www.espacemodemediterranee.com, Di–So 10–17 Uhr, Fei geschl., 3 €.

### Süßes von der Canebière

Die **Pâtisserie Plauchut** [1] (168, La Canebière, Di–So 8–20 Uhr) ist seit mehr als 100 Jahren eine feste Größe an der Flaniermeile. Navettes, Croquets und Calissons (Mandelgebäck), Törtchen und die Hausspezialität ›Les Baisers de Nègres‹ (eine Schokopraline) kann man im hinteren Salon de Thé bei heißer Schokolade, Kaffee oder einer von zehn Teesorten probieren. Auch die um 1930 gegründete **Torréfaction**

**Noailles** [2] (56, La Canebière, tgl. 7–19.30 Uhr) gehört zum festen Inventar der Canebière. Morgens lockt der Duft ofenfrischer Croissants, mittags sind Sandwiches und kleine deftige Speisen im Angebot, nachmittags gibt's Kuchen. Verkauft werden Kaffeesorten aus eigener Röstung und traumhafte süße Leckereien.

### Ein Logenplatz mit Blick aufs Straßentreiben

Der begehrteste Ort zum Verweilen und Schauen bleibt **Les Danaïdes** [1] (6, sq. Stalingrad, Tel. 04 91 62 28 51, Mo–Di 7–22 Uhr, Tagesgericht um 10 €). Das Café mit riesiger Terrasse zum Blumenmarkt ist ideal für den ersten Kaffee, eine Kleinigkeit zu Mittag, den zweiten Kaffee nachmittags oder den Aperitif am Abend. Die bunt gemischte Klientel reicht von der Marktfrau über den Unidozenten bis zum Gay-Aktivisten.

# 9 | Crossculture – Marché des Capucins

**Karte:** ▶ F 7 | **Metro:** Noailles

**Das lebendige Herz des Noailles-Viertels ist der Marché des Capucins. Afrika und die Provence treffen sich an den Marktständen, über denen ein Duftschwall aus frischer Minze, eingelegten Oliven und fangfrischem Fisch hängt. In den umliegenden Épicerien werden Bohnen und Kichererbsen aus dem Jutesack verkauft.**

Das Quartier de Noailles umfasst nur einige wenige Straßenzüge zwischen Cours Lieutaud und Cours St-Louis, doch lebendiger als dieses Viertel wirkt in der Innenstadt kein anderes. Von Dienstag bis Sonntag belagern die Stände des **Marché des Capucins** 1 die alte Halle der Gare de Noailles, die seit 1839 die dreieckige Place du Marché des Capucins beherrscht. Der ehemalige Ostbahnhof von Marseille dient heute als Metrostation Noailles. In dem Gebäude mit der noblen, hellen Stein-fassade ist auch die **Galérie des Transports** (Juni–Sept. Di–So 11–18, sonst 10–17 Uhr) untergebracht, in der man anhand alter Droschken und Straßenbahnen die Geschichte von Marseilles öffentlichem Nahverkehr Revue passieren lassen kann.

Draußen im Gedränge kämen derweil kein Bus und keine Straßenbahn durch. Die Rue des Capucins und einige Nebengassen sind ohnehin ausgewiesene Fußgängerzonen. Alles drängt, schiebt sich vorbei an baumelnden Hammelkeulen, Auberginenhalden und Pfirsichpyramiden. Viele Stände werden von Nord- und Schwarzafrikanern betrieben. Im Angebot sind daher ebenfalls scharfe Harissasauce, Süßkartoffeln, bunte Stoffe. Die Läden hinter den Ständen wirken wie in einem nordafrikanischen Souk. In bis zur Decke vollgestopften Regalen wird bunter Plastikkrimskrams zum Pauschalpreis von 1 € angeboten.

53

## Traditionsläden

»Die Rue d'Aubagne zu egal welcher Zeit herunterzugehen, bedeutete eine Reise. Eine Abfolge von Läden, Restaurants wirkten wie Zwischenhalte. Italien, Griechenland, die Türkei, Madagaskar, La Réunion, Thailand, Vietnam, Marokko, Tunesien, Algerien«, schrieb Krimiautor Jean-Claude Izzo in »Total Cheops«, einem der Bände seiner Marseille-Trilogie. Im Umfeld des Marktes halten sich in der Rue d'Aubagne neben vielen exotischen Läden wie der armenischen Lebensmittel- und Gewürzhandlung **Arax** 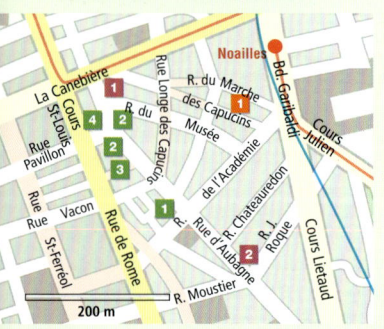 auch einige alteingesessene Fachgeschäfte. Die **Maison Empereur** 2 wurde 1827 als *quincaillerie* gegründet unf führt folglich alles für den Haushalt, Gartenwerkzeuge, Messer, Heimwerkerartikel und vieles mehr. Zum Ali-Baba-Labyrinth aus Gängen und Regalen ist ein schicker Eckladen hinzugekommen, der nobles Küchengerät wie Töpfe von Le Creuset führt. Denkmalgeschützt ist die Inneneinrichtung der **Pharmacie-Herboristerie du Père Blaize** 3. Es riecht nach Kräutern und Tee im 1815 gegründeten Geschäft, dessen gediegene Originaleinrichtung liebevoll gepflegt wird. Die mit Kitteln bekleideten Verkäuferinnen halten für egal welches Zipperlein die richtige Naturpflanzenmischung bereit. Und die richtige Kopfbedeckung für jeden Anlass findet man in der **Chapellerie Marseillaise** 4. Die Zeit hinter der großen Jugendstilauslage scheint stehen geblieben zu sein, und zwar genau in dem Augenblick, als alle Männer der Stadt noch das klassische *béret* (Baskenmütze) und fesche Schlägermützen trugen. Beide Modelle gibt es in Baumwolle für den Sommer, in Schurwolle für den Winter, dazu hippe Kopfbedeckungen für Rapper und Rocker.

### Einkaufsfreuden

**Arax:** 24, rue d'Aubagne, Mo–Sa 8.30–19 Uhr. **Maison Empereur:** 4–6, rue des Récollettes und 2–4, rue d'Aubagne, www.empereur.fr, Mo–Sa 9–19 Uhr. **Pharmacie-Herboristerie du Père Blaize:** 4–6, rue Méolan, www.pere-blaize.fr, Di–Sa 9.30–12.30, 14.30–18.45 Uhr. **Chapellerie Marseillaise:** 5, cours St-Louis, www.chapellerie.com, Mo 14–19, Di–Sa 10–13, 14–19 Uhr.

### Afrikanische Verheißungen

**Le Fémina** 1 (1, rue du Musée, Tel. 04 91 54 03 56, So mittags, Mo geschl., à la carte 25 €) gilt als das Restaurant mit dem besten Couscous der Innenstadt. Die Rezepte werden »vom Vater auf den Sohn, von der Mutter auf die Tochter« vererbt, wie das Schild an der Fassade wirbt. Innen zeigen herrlich kitschige Bilder den kabylischen Alltag. Im **Ivoire Restaurant** 2, auch bekannt als ›Mama Africa‹ (57, rue d'Aubagne, Tel. 04 91 33 75 33, tgl. 11–2 Uhr, Tellergerichte 9–12 €), steht die von der Elfenbeinküste stammende Félicité am Herd. Über der Glut gegarter Tilapia-Fisch oder Alloko, fritierte Bananen, werden frisch zubereitet.

**10** | Marseille-la-Casbah –
der Schmelztiegel Belsunce

**Karte:** ▶ F 6/7 | **Metro:** Noailles

Das Viertel um den Cours de
Belsunce ist im Wandel. Noch vor
wenigen Jahren war der Flic vor
dem Polizeirevier der einzige
Mann weit und breit, der keine
Dschellaba trug. In vielen Cafés
kreist die Wasserpfeife noch immer, insbesondere in den Gassen
zwischen der Alcazar-Bibliothek
und der Gare St-Charles. Aber
die einstige Hochburg nordafri-
kanischer Zuwanderer wandelt
sich zusehends zum neuen
In-Viertel.

## Und abends auf den Cours

1670 wollten es die Stadtväter ihren
Kollegen in Aix, der Erzrivalin von Marseille, gleichtun, und eröffneten mit
dem Cours de Marseille eine weite Flaniermeile für die elegante Gesellschaft.
Erst 1852 erhielt die 36 m breite Pracht-
straße, deren Verlauf der ehemaligen
Stadtmauer folgt, den Namen **Cours
de Belsunce.** Der Name geht auf den
Bischof von Marseille zurück, der sich
während der großen Pest von 1720 der
Kranken annahm. Die Mitte des Cours
wurde von einer Maulbeerbaumallee
beschattet und war den Kutschen vorbehalten. Auf den Seiten flanierte *tout
Marseille*, seit 1857 immer öfter mit
dem Ziel, sich im neu eröffneten Musik-
theater Alcazar zu vergnügen. Fini. Es
gibt keine Bäume mehr auf dem Cours
und das Alcazar, wo bis 1964 alle französischen Showgrößen von Charles Az-
navour bis Johnny Hallyday auftraten,
wurde 1965 geschlossen. An seiner
Stelle entstand 2004 der mit Marmor
und Glas verkleidete Neubau der **Bibliothèque de l'Alcazar** 1, deren
Fassade das prunkvolle, beim Abriss
1979 gerettete Entree des Alcazar ziert.
Der von Adrien Fainsilber, dem Architekten der Pariser Cité des Sciences,
entworfene Bau ist das Symbol für die
Neuorientierung des Belsunce-Viertels.

## Glanzvolle Reste

Schon 1912 begann die Stadt damit, die Westseite des Cours Belsunce wegen Baufälligkeit abzureißen. Von den mit barocken Ornamenten verzierten Häusern am Cours sind daher die meisten verschwunden. Ausnahmen bilden Hausnummer 20, mit einem für das 17. Jh. üblichen Entresol-Ladenlokal, und Nummer 34 mit typischem Renaissanceschmuck: Zu sehen sind Medaillons mit gemeißelten Porträts der Erbauer und dorische Pilaster. Auch der von Atlanten getragene Balkon eines Hôtel Particulier an der Ecke Rue des Convalescents/Cours Belsunce kündet vom alten Glanz.

## Immigrantenasyl

Bestimmend für das Straßenbild ist heute jedoch das Betongebirge des Einkaufszentrums **Centre Bourse** 2 und die **Tours Labourdette** 3 am Square Belsunce, drei 18-etagige Wohntürme, die wegen ihrer entschieden modernen Formsprache unter Denkmalschutz stehen. Als die Tours Labourdette 1962 errichtet wurden, war das Viertel längst zur Zuflucht aufeinanderfolgender Einwandererwellen geworden. 1915 fanden Armenier auf der Flucht vor dem türkischen Genozid in den Gassen hinter dem Cours ein neues Zuhause. In den 1930er-Jahren kamen Italiener auf der Flucht vor Mussolini und Spanier auf der Flucht vor Franco. 1962 waren es *Pieds noirs* aus Algerien. Vor 30 Jahren folgten Libanesen, heute sind es Bewohner der Komoren, Asiaten und junge Kreative aus Paris. Sie alle machen Belsunce zu einem kosmopolitischen Schmelztiegel, in den die Stadt seit Jahren investiert. An die 8000 Wohnungen wurden mittlerweile saniert.

## Große Perspektive

Nach Norden verlängert sich der Cours Belsunce in die engere, ebenfalls schnurgerade **Rue d'Aix,** als deren Fluchtpunkt das 1839 erbaute Stadttor **Porte d'Aix** 4 fungiert. In seiner Form kopiert das Stadttor einen antiken Triumphbogen. Die Steinreliefs feiern die Siege der Französischen Revolution.

Nach Süden, jenseits der Canebière, führen Cours St-Louis und Rue de Rome die Sichtachse weiter. Diesmal setzt die Brunnenanlage auf der Place Castellane den Fluchtpunkt. Zusammen ergibt die Straßenflucht zwischen Porte d'Aix und Place Castellane eine der längsten städtischen Perspektiven Europas.

### Infos

**Bibliothèque de l'Alcazar:** 56–58, cours de Belsunce, www.bmvr.marseille.fr, Di–So 11–19 Uhr.

### Sehenswertes nahebei

Die **Gare St-Charles** 5 (Esplanade de La Gare St-Charles), der 1848 gebaute Hauptbahnhof von Marseille, wurde 2007 um eine lichte Neubauhalle mit Boutiquen und Restaurants erweitert. Souverän konkurriert die elegante Nüchternheit des Neubaus mit dem Second-Empire-Pomp der alten Halle. Erst 1925 wurde die gewaltige Freitreppe mit den verspielten Leuchten und dem aufwendigen Skulpturenprogramm zum Boulevard d'Athènes vollendet.

Die **Rue Thubaneau** 6 , die den Cours de Belsunce mit dem Boulevard Dugommier verbindet, war bis in die 1990er-Jahre eine der verrufensten Straßen von Marseille, Stichworte: Drogenhandel und Prostitution. Seit die Stadt etliche Häuser aufgekauft hat, wurde kräftig saniert. Galeristen zählen heute zu den neuen Mietern. In Haus

Nummer 25 befand sich 1792 der Klub der Verfassungsfreunde, in dessen Räumen am 22. Juni ein von Rouget de Lisle für die Rheinarmee komponiertes Kriegslied gesungen wurde, das als »Marseillaise« Geschichte machte und 1879 zur Staatshymne aufstieg. Eine Plakette am Haus erinnert an den denkwürdigen Tag.

Die **Halle Puget** 7 (Pl. de la Halle Puget), eine rechteckige, von 20 ionischen Steinsäulen getragene Halle, wurde eventuell nicht vom berühmten Barockbaumeister, sondern 1672 von einem Maurer namens Puget errichtet. Früher boten Fisch- und Fleischhändler unter dem Dach ihre Ware an. Später wurde sie als Kirche genutzt, dann als Kommissariat. Heute dient die Halle als Treffpunkt im nordafrikanisch geprägten Quartier Ste-Barbe, das Belsunce zugerechnet wird.

### Stoff- und Schmuckmeilen

Die **Rue du Tapis Vert** 8 ist nicht mehr der wichtigste Stoffgroßmarkt der Provence, doch noch immer dreht sich alles um Textilien und Schmuck. Einige barocke Fassaden erinnern an die aristokratische Vergangenheit des Viertels, so etwa die des Couvent des Récollets von 1750 (Nr. 22) oder die mit Pilastern und Kapitellen geschmückte Fassade von Nummer 52. Die enge Straße endet im Osten an der Place des Capucines, deren von einem Obelisken, Delfinen und Löwen verzierter Brunnen seit 1788 den Platz krönt. Parallel zur Rue du Tapis Vert verlaufen mit der **Rue du Petit St-Jean** 9 und der **Rue Nationale** 10 weitere Stoff- und Schmuckmeilen. Schilder in den bis zur Decke vollgepfropften Läden weisen darauf hin, dass nur en gros verkauft wird.

### Sympathische Brasserie

Die moderne **Brasserie de l'Alcazar** 1 (2, pl. Frédéric Mireur, Tel. 04 91 91 80 88, Mo–Sa 7–20 Uhr, Tagesgericht 9,50 €, Formule 13 €, à la carte um 20 €) im quirligen Belsunce-Viertel bietet eine gute einfache Küche mit Salaten, Nudelgerichten, Pizzen und Steak Frites sowie am Nachmittag Kaffee und Kuchen. Schön sind auch die Terrasse und der Blick auf die neue Stadtbibliothek.

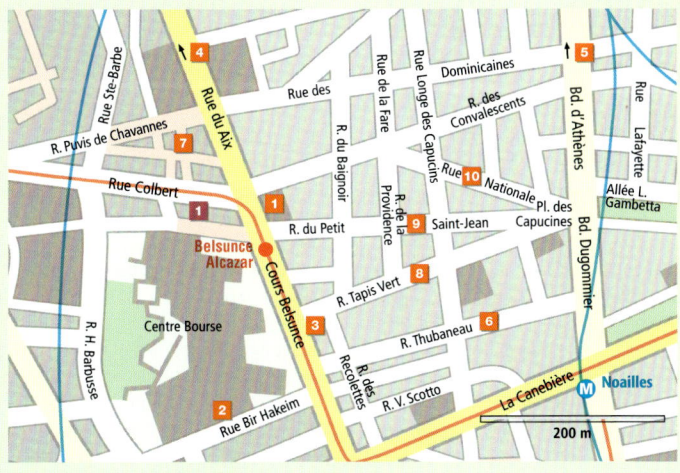

# 11 | Kreatives Labor mit Bistros und Bars – La Belle de Mai

**Karte:** ▶ G/H 4/5 | **Metro:** St-Charles; näher heran kommt man mit dem Bus: Linie 31, 33, 34, 49B ab Place de la Bourse bis Haltestelle Boulevard National

**Stolze 45 000 m² umfassen Gelände und Hallen der ehemaligen Tabakmanufaktur Seita im Quartier Belle de Mai. Anfang der 1990er-Jahre ist auf dem einstigen Fabrikareal die Friche Belle de Mai entstanden, ein Labor freier und alternativer Künstlergruppen, deren Tanz,- Musik- und Theaterensembles regelmäßig Aufführungen geben und Film-, Foto- und Kunstausstellungen organisieren.**

Zur Nachbarschaft der Friche (dt. Industriebrache) gehört seit ein paar Jahren der **Pôle Médias** 1, in dem die erfolgreiche Daily Soap »Plus belle la vie« gedreht wird, und um deren Eingang in der Rue Guibal 25 regelmäßig Fans der Kultserie lungern. Der Gebäudekomplex aus den frühen 1950er-Jahren gehörte ebenfalls der Seita. Nach dem Umbau

zum Pôle Médias sind darin Fernsehstudios, Medienunternehmen und Produktionsbüros untergebracht.

Die **Friche** 2 selbst feiert 2011 ihr 20-jähriges Bestehen. Mehr als 60 Vereine oder Initiativen bevölkern das Gelände. Die meisten davon zählen zur alternativen Kulturszene, etwa das Cabaret Aléatoire (www.cabaret-aleatoire. com) in der ehemaligen Verpackungsstelle der Fabrik oder das Théâtre Massalia (www.theatremassalia.com), ein in der ganzen Stadt bekanntes, aufmüpfiges Marionettentheater. Radio Grenouille, Marseilles frechster Radiosender, ist hier selbstverständlich ebenfalls mit seinen Studios zu Hause. Die kreativen und künstlerischen Fäden in der Hand hält Système Friche Théâtre, die Dachorganisation der Friche. Welche Gruppen oder Ateliers öffentlich zugänglich sind, erfährt man im Internet. Wer über das Gelände spaziert, wird mit etwas Glück Zeuge von Theaterproben oder improvisierten Gesangs- und Tanzeinlagen.

## Linke Hochburg

Die Geschichte des Viertels ist untrennbar mit der Eröffnung der Seita-Tabakfabrik 1863 verbunden. An die tausend Arbeiterinnen rollten früher in den Hallen Zigarren. Zündholzfabriken und Zuckerraffinerien zogen in die Nachbarschaft. Binnen 15 Jahren verdreifachte sich die Einwohnerzahl im Dreieck, das der Boulevard National, die Rue Guibal und der Boulevard Plombière bilden, von 5000 auf 15 000 Köpfe.

Die meisten Zuwanderer stammten aus Italien, vor allem aus dem Piemont, der Toskana und vom Golf von Neapel. La Belle de Mai stand bald synonym für ein Arbeiterviertel, in dem links gewählt und der Aufstand geprobt wurde. Beim Fall des Second Empire 1871 liefen hier die Fäden der Marseiller Kommune zusammen. Kein Wunder, dass in direkter Nachbarschaft zur Tabakfabrik noch unter Napoleon III. eine Kaserne gebaut wurde, die Caserne du Puy, deren Soldaten dann auch prompt in den großen Streik vom Januar 1887 verwickelt wurden.

Nicht auf den 1. Mai als Tag der Arbeit aber geht der Name des Viertels zurück, sondern auf eine im 19. Jh. geborene Tradition: Am 1. Mai putzten die Familien des Viertels die Töchter heraus, die anschließend singend durchs Viertel zogen, Küsschen verteilten und zum Dank eine Münze erhielten.

## Das Gedächtnis der Stadt

Seit die **Archives Municipales** **3** auf das ehemalige Seita-Gelände gezogen sind, ist auch das Gedächtnis der Stadt im kreativ-alternativen Viertel beheimatet. Die Fotothek der städtischen Archive hütet 45 000 historische Bilder der Stadt. Im Lesesaal der Bibliothek kann man Dokumente aus knapp tausend Jahren Stadtgeschichte einsehen, und die Sonderausstellungen sind Publikumsmagnete.

## 12 | Visitenkarte der Euroméditerranée – die neue Façade Maritime

**Karte: ▶ D 4/5 | Metro oder Straßenbahn:** Joliette

**Seit 1995 ist das städtebauliche Großprojekt Euroméditerranée beschlossene Sache. Ziel ist es, Marseille in die erste Liga europäischer Metropolen zu katapultieren und die Rolle der Hafenstadt als Brücke übers Mittelmeer zu festigen. Apropos Mittelmeer: Wer Marseille auf dem Seeweg erreicht, wird künftig von der neuen Façade Maritime, der spektakulären Sea Front und ihrer futuristischen Skyline, empfangen.**

Das Areal, auf dem Marseilles Zukunft gemacht wird, umfasst 480 ha aufgelöste Docks, sanierungsbedürftige Altstadtviertel, heruntergekommene Second-Empire-Achsen. Circa 7 Mrd. € wird das Projekt Euroméditerranée verschlungen haben, wenn 2012 alles vollendet sein soll. Dafür gibt die Stadt kräftig Gas. Schließlich wird Marseille 2013 Kulturhauptstadt Europas. Wichtiger noch: Langfristig verspricht man sich auf dem Rathaus 40 000 neue Einwohner und 30 000 neue Arbeitsplätze.

Die **Place de la Joliette 1** ist das Epizentrum der Euroméditerranée und zugleich ein für die Seefahrtsgeschichte der Stadt bedeutender Ort. Mit der Schaffung des Hafenbeckens Le Bassin de la Joliette 1853 entstanden am Platz kurz darauf die gleichnamigen Docks, deren Vorbild die Londoner Docks lieferten. Der 364 m lange, 37 m breite und 30 m große Bau mit gestaffeltem Giebeldach konnte 150 000 t Kolonialwaren fassen. Mit dem Ende der Kolonien und der Verlagerung des Containerhafens nach Fos schlossen die Docks. Von 1992 bis 2002 wurden sie von Eric Castaldi zum Dienstleistungs- und Ausgehzentrum mit 80 000 m² Bürofläche umgebaut. Die aufeinanderfolgenden, frei zugänglichen Innenhöfe sind jeweils einem Leitmotiv verschrieben: Feuer, Luft, Erde oder Wasser. Im zweiten Innenhof (Atrium 2), informiert eine kleine **Ausstellung** über die städtebauliche Umstrukturierung von Hafen und Stadtvierteln. Ein Stadtmodell macht das Titanenprojekt Euroméditerranée verständlich (Mo–Fr 9–18.30 Uhr, www.euromediterranee.fr).

Eine Baustelle markiert weiter nördlich den Standort des verwegen geschwungenen Kino- und Medienkomplexes **Euromed Center** 2, für das der international vernetzte italienische Architekt und Designer Massimiliano Fuksas verantwortlich zeichnet. Der Bau erinnert an aus dem Wasser springende Delfine und wird von Filmregisseur Luc Besson (»Le Grand Bleu«) betrieben.

## Neuer Blick auf das Meer

**La Façade Maritime**, die neue Seefront, reicht vom Fort St-Jean an der Zufahrt in den Vieux Port bis zum bereits vollendeten Verwaltungsturm der **CMA-CGM-Reederei** 3 weiter westlich. Der gläserne Büroturm, dessen gespreizter Fuß das nördliche Ende der Façade Maritime markiert, ist ein Entwurf der britisch-irakischen Stararchitektin Zaha Hahid. Nur einen Steinwurf entfernt stellten die denkmalgeschützten Getreidesilos am **Bassin d'Arenc** 4 die Planer vor eine besonders schwierige Aufgabe: Das massive, 110 m lange, 25 m breite und 50 m hohe Art-déco-Betongebirge von 1927 sollte erhalten bleiben. Wegen mangelnder Fenster und Öffnungen kam der Umbau in Wohnungen oder Büros jedoch nicht infrage. Die Lösung wurde von Eric Castaldi mit einem 2200 Plätze umfassenden Konzertsaal gefunden, in dem die Oper vorübergehend einziehen wird, damit deren Bau saniert werden kann.

## Das Mittelmeer im Zentrum

Noch lässt sich die zukünftige Skyline in Teilen nur erahnen. So gähnt eine Brache auf dem Gelände der ehemaligen J4-Hangars. Mit dem Bau des **Musée des Arts et des Civilisations de l'Europe et de la Méditerranée (MuCEM)** 5 wurde bereits begonnen. Am 30. November 2009 hat Kulturminister Frédéric Mitterrand den Grundstein gelegt. Der von Rudy Ricciotti entworfene transparente Kubus, den ein Steg über das Hafenbecken mit dem Fort St-Jean verbinden wird, soll die kulturellen Schnittpunkte zwischen Gesellschaften Europas und denen des Mittelmeers beleuchten. Gleich nebenan entsteht das von Stefano Boeri entworfene, kühn über einer Wasserfläche auskragende **Centre Régional de la Méditerranée (CRM)** 6, das den Austausch zwischen den Mittelmeeranrainern fördern soll.

## In der zweiten Reihe

Der Boulevard de Dunkerque trennt die Façade Maritime von den Neubauten in der zweiten Reihe. Zu den Vorzeigeprojekten der öffentlichen Hand gehören die 2006 vollendeten **Archives et Bibliothèque Départementales Gaston Deferre** 7. Der wie ein gigantischer Kiesel wirkende Bau des japanischen Architekten Kaichi Tahara hütet auf sieben Etagen an die 400 000 Dokumente und Bücher zur Geschichte der Provence seit dem Mittelalter. Nachts setzt die Beleuchtung »Ode à la Méditerranée« den eigenwilligen Bau in Szene.

Ein Besuchermagnet seit seiner Vollendung ist der spektakuläre Eckbau des **Fonds Régional d'Art Contemporain Provence-Alpes-Côte d'Azur (FRAC)** 8, ein Museum zeitgenössischer Kunst, dessen schräg gesetzte, von immensen, bodentiefen Fenstern und Balkonen akzentuierte Fassade vom international tätigen japanischen Architekten Kengo Kuma stammt, der etwa für das Museum für Angewandte Kunst in Frankfurt ein modernes Teehaus entworfen hat. Die Sonderausstellungen haben das Haus in Windeseile weit über die Grenzen von Marseille bekannt gemacht.

Neben den Renommierbauten gehören zur Euroméditerranée auch Wohnblocks, Schulen und Krankenhäuser. Das für 600 Schüler eröffnete Collège Izzo an der Rue de Pontevès, das Centre Hospitalier an der Rue Désirée Clary oder die dank Gärten oder Loggia attraktiven Wohnhäuser L'Îlot, L'Atrium und Le Patio am Boulevard de Paris liefern dafür Beispiele.

### Infos und Öffnungszeiten
**Archives et Bibliothèque Départementales Gaston Deferre:** 18–20, rue Mirès, Lesesaal Mo 14–18, Di–Fr 9–18, Sept.–Juni auch Sa 9–13 Uhr.
**Fonds Régional d'Art Contemporain Provence-Alpes-Côte d'Azur (FRAC):** 1, pl. Francis Chirat, Di–Fr 14–18 Uhr, Ausstellungsprogramm unter http://www.fracpaca.org.

### Sehenswertes in der Nähe
Sie gehen zwischen den Baukränen noch bis zum Abschluss der Arbeiten fast unter: die **Cathédrale de la Major** 9 (Pl. de la Major, Di–Sa 10–12, 14–17.30, So 9–12.30, 14–18 Uhr) und die Reste ihres Vorgängerbaus **La Vieille-Major** 10. Das neobyzantinische Kuppelgebirge der ›neuen‹ Kathedrale La Major erhebt sich an der Seefront, wird sich jedoch in Zukunft gegen die Konkurrenz futuristischer Türme behaupten müssen. Im Innern überwältigen opulente Mosaike und 444 Säulen aus rotem Marmor und beigem Kalkstein. Das aufwendig im Wechsel von grünem und weißem Stein gestaltete Äußere verblasst jedoch vor dem für die neue Kathedrale 1852 teilweise abgerissenen, geduckten Vorgängerbau La Vieille-Major (wegen Sanierung geschlossen). Das Baptisterium stammt aus frühchristlicher Zeit, Chor und Joch sind romanisch. Bemerkenswert ist der Marmoraltar aus dem 12. Jh.

# 13 | Radfahren mit ›Vue sur mer‹ – La Corniche Kennedy

**Karte:** ▶ Karte 3, C/D 4/5 | **Metro:** Rond-Point du Prado

**Marseille steigt aufs Fahrrad um. Überall sind in den letzten Jahren Radpisten entstanden, so etwa am von Platanen gesäumten Boulevard Michelet, der zum hypermodernen Velodrom führt. Der schönste Radweg aber verläuft immer am Meer entlang und folgt der Uferstraße La Corniche du Président John F. Kennedy. Unterwegs laden Strände, Buchten, Villen und eine knapp 2 km lange, schwungvoll geformte Betonsitzbank zur Rast ein.**

Le Vélo heißt das von der Stadt lancierte Radverleihsystem mit 130 festen Stationen. Die erste halbe Stunde ist frei, jede weitere volle Stunde kostet 1 €. Bezahlt wird mit der Kreditkarte am Automaten. Längs der 4 km langen **Corniche du Président John F. Kennedy,** die sich unter wechselnden Namen weitere 6 km in Richtung Südosten fortsetzt, kann man an mehreren Sta-

tionen ein Rad aus der Vélo-Flotte leihen, etwa oberhalb der Plage des Catalans (an der Einmündung der Avenue de la Corse in die Corniche du Président John F. Kennedy, Station 7026) oder weiter südlich auf Höhe der Einmündung der Rue des Pêcheurs in die Uferstraße (Station 7062). Alle Stationen stehen mit Angabe der Zahl der Leihräder im Internet: www.levelo-mpm.fr.

### Ein Hauch Côte d'Azur

Das Wasser von Marseille ist gut: Modernste Kläranlagen machen das Baden an den Stränden unbedenklich. Mit der sichelförmigen **Plage des Catalans** ❶ beginnt das Badevergnügen an der Corniche, die wie ein kilometerlanger Balkon zum Meer angelegt ist. Der der Altstadt am nächsten gelegene Sandstrand verdankt seinen Namen katalanischen Fischern, die sich im 18. Jh. hier ansiedelten. Zum Freizeitangebot gehören ein Beachvolleyballfeld, ein Freibad und eine Imbissbude. Der Eintritt ist

kostenpflichtig. Dafür gibt es Umkleide-
kabinen und der Sand wird täglich ge-
reinigt.

Folgt man dem Uferboulevard in
Richtung Süden, öffnet sich bald das
**Monument aux Morts de l'Armée
d'Orient** 2 wie ein Torbogen zum
Meer. Vom Denkmal für die Gefallenen
der Orientarmee sind es nur noch wenige Schritte ins **Vallon des Auffes** 3 :
Der Winzhafen mitten in der Großstadt
ist die erste von etlichen weiteren Calanques. Bunt bemalte *pointus*, die für
Marseille typischen Fischerbötchen,
schaukeln am Kai. Ein paar einstöckige,
mit Wellblech gedeckte Cabanons erinnern an die bescheidene Vergangenheit
des winzigen Hafens, der sich zur schi-
cken Restaurantadresse emporgearbei-
tet hat. Ein Hauch Côte d'Azur weht
plötzlich mitten in der Stadt.

Weiter südlich folgt mit der **Anse de
Malmousque** 4 eine winzige, von
Felsen gerahmte Kieselbucht, von der
man auf das Îlot Degaby schaut. Das
3500 m² große Felseiland wird fast vollständig von einem Fort bedeckt, in dem
in den 1920er- bis 30er-Jahren rau-
schende Feste gegeben wurden. Damals war der Besitzer ein Industrieller,
der das Îlot seiner Frau Liliane Degaby

geschenkt hatte, die als Music-Hall-Star
auf Pariser Bühnen Furore machte. Keine mondäne Geschichte gibt es zur
**Plage du Prophète** 5 weiter östlich
zu berichten: Der von Felsen gerahmte
Sandstrand lockt ins Wasser, und an der
Imbissbude lässt es sich angenehm
pausieren.

## Villen am Meer

Als die Corniche im 19. Jh. angelegt
wurde, um die Innenstadt mit den
Stränden im Süden und Osten zu verbinden, folgten bald die ersten Villen.
Zu den prächtigsten zählt die von einem
Park gerahmte **Villa Valmer** 6 (Haus-
nr. 271). Die 1865 im Neorenaissance-
stil erbaute Villa war das repräsentative
Domizil eines reichen Seifen- und Öl-
fabrikanten. Der Bau selbst ist nicht zu
besichtigen, der Park hingegen schon
(tgl. 8–20 Uhr). Längs der verschlunge-
nen Wege betört der Mix aus exoti-
scher Flora, künstlichen Felsen und
Blick aufs Meer. Ein paar Hausnummern
weiter entstand 1890 das **Château
Berger** 1 . Die splendide Villa ragt
über der Uferstraße aus einem Park heraus. Das Anwesen wurde zu einem ul-
tramodernen Centre de Bien-Être (Wellnesscenter) umgebaut. Im Angebot ste-

**Nur wenige Autominuten vom städtischen Trubel Marseilles entfernt: das Vallon des Auffes**

hen Thalassotherapie-Packages, Anti-Stress-Programme (speziell für Männer), Hamam und Wellnessbad.

Die Avenue du Prado führt auf Höhe der Pferderennbahn von der Corniche zum **Château Borély** 7 (zzt. geschl.), das die Bezeichnung ›Schloss‹ zu Recht verdient: Für den 1767–1778 errichteten Feudalbau zeichneten gleich drei Architekten verantwortlich, darunter der königliche Baudirektor Marie-Joseph Peyre. Die prachtvolle Innenausstattung mit Stuck, vergoldeten Vertäfelungen und Trompe-l'œil-Malereien genossen prominente Besucher wie der spanische König oder der Schriftsteller Alfred de Vigny. Der 17 ha große **Parc Borély** (Zugang Avenue du Parc Borély, tgl. 6–21 Uhr) entstand erst, nachdem das Anwesen 1855 in den Besitz der Stadt übergegangen war. Zum Gelände gehören der Botanische Garten, ein französischer und ein chinesischer Garten samt Pagode, ein See, Spielplätze und ein künstlicher Wasserfall, den der »Mann mit den Vögeln«, ein Werk des Bildhauers Jean-Michel Folon, ziert.

## Strände für jedermann

Die je nach Strandabschnitt unterschiedlich genutzte Freizeitwelt des **Parc Balnéaire du Prado** 8 wurde mit den beim Bau der Metro angefallenen Erdmassen angeschüttet. Bis zur Eröffnung 1977 entstand ein Badeparadies mit echtem Meerwasser und blauem Fähnchen für saubere Strände. Über allem wacht die Marmorstatue von Michelangelos »David«, deren kolossale Kopie 1951 am Kreisverkehr beim Hippodrom aufgestellt wurde.

**Übrigens:** Die Innenstadt ist definitiv kein Paradies für Läufer, denn es gibt kaum Parks. Läufer kommen dafür längs der Corniche und in den 26 ha großen Grünflächen der Plages du Prado sowie dem dahinterliegenden Parc Borély auf ihre Kosten.

Der Reihe nach: Immense Rasenflächen säumen den ersten Strand, die **Plage de David.** Eine hippe Restaurant- und Barmeile inklusive Liegenverleih macht die **Plage Borély** zur umtriebigen Ausgehadresse. Auf dem Kreisverkehr hinter dem Strand wehen die 500 Fahnen des **Mât des Fédérés,** die der französische Avantgardekünstler Daniel Buren zum 200. Jahrestag der Französischen Revolution 1989 geschaffen hat. Die Fédérés waren eine revolutionäre Gruppe, die ab 1792 mit der Marseillaise auf den Lippen gegen die Armeen Österreichs, Preußens und Russlands marschierte.

Das Kieselband der **Plage Bonneveine** ist ein Paradies für Surfer, Wasserskifans und Fallschirmsegler. Unter Jugendlichen ›in‹ ist die **Plage de la Vieille Chapelle** wegen des 700 m² großen Skaterparks, in dem regelmäßig Wettbewerbe ausgetragen werden. Als familiärer Sandstrand, der sich wegen des zahmen Wellengangs zugleich bei Surfanfängern großer Beliebtheit erfreut, bewährt sich die **Plage de la Pointe Rouge.** Der auf den Strand folgende Jachthafen verfügt über 1200 Ankerplätze und wird von einer Betonmole geschützt.

---

**Wellness pur**
**Château Berger:** 281, corniche John F. Kennedy, Tel. 04 91 52 61 61, www.chateauberger.com.

**Essen mit Meerblick**
**Les Akolytes** 1 (41, rue Papety, Tel. 04 91 59 17 10, tgl., à la carte 25 €, offene Weine 3–6 €) ist ein kleines,

trendiges Tapas-Restaurant mit Blick auf die zentrumsnahe Plage des Catalans. Die jungen Besitzer bieten ein Dutzend Gerichte an, die beherzt spanische, französische und World-Kitchen-Einflüsse zitieren.

Eine weite Terrasse, ein eigener, bewirtschafteter Strandabschnitt und ein kleiner, freundlicher Saal – so lautet das Erfolgsrezept von **Le Bistingo** 2 (Plage Borély, 148, av. Pierre Mendès-France, Tel. 04 91 71 21 61, tgl., Mittags-Formule 12 €, à la carte 17–28 €). Auf der Karte stehen Tintenfischsalat, Schwertfischsteak, Gambas und Salate. Im Sommer locken Themenabende von ›Paella‹ bis ›Tapas‹.

### Segeln, Surfen und Tauchen

**Pacific Palissades** 2 (Port de la Pointe Rouge, Tel. 04 91 73 44 11, www.pacific-palissades.com, Feb., März, Nov., Dez. 10–17, Okt. 10–18, April, Mai, Sept. 10–19, Juni–Aug. 10–20 Uhr) ist eine Segel- und Surfschule mit 700 Mitgliedern und zugleich Frankreichs größter Surferklub. Bei cooler Atmosphäre werden Kurse für alle Level angeboten und Surfbrett, Funboard, Kanu und Kajak verliehen.

**No Limit Plongée** 3 (Port de la Pointe Rouge, Tel. 04 91 25 32 77, www.nolimitplongee.com) bietet unter fachkundiger Führung Tauchkurse und -gänge an, auf Wunsch mit Übernachtungs-Package.

Die Jugendherberge **Auberge de Jeunesse de Bonneveine** 4 (Impasse du Docteur Bonfils, Tel. 04 91 17 63 30, www.ajmarseille.org, Bus: 44 bis Place Bonnefon, DZ/F 42 €, Bett im Vierer- bzw. Sechser-Schlafsaal/F 18–20 €/Pers.) ist ein nüchterner Neubau in Strandnähe, lockt jedoch mit organisierten Kajak- und Kanutouren in die Calanques.

Karte: ▶ B/C 4/5 | **Metro:** Vieux Port, weiter mit der Fähre

**Der Archipel du Frioul liegt zwei Seemeilen vor Marseille. Von den vier Inseln sind die beiden größten durch einen Deich verbunden: Ratonneau und Pomègues. Die Île d'If ist dank des Châteaus, in dem Alexandre Dumas den »Graf von Monte Christo« schmachten ließ (1846), ein beliebtes Ausflugsziel. Tiboulen ist nicht mehr als ein von Gestrüpp überwucherter Fels und wird als einzige Insel nicht von der Fähre angefahren.**

Exakt 99 Vogelarten bevölkern die Inseln, darunter Haubenkormorane und Wanderfalken. Hinzu kommen fast ebenso viele Insektenarten und über 300 verschiedene Pflanzen. Doch die meisten Besucher kommen nicht wegen Fauna und Flora auf die fast strauch- und baumlose **Île d'If,** die vom Vieux Port nach nur 20 Minuten Bootsfahrt erreicht ist. Ihr Ziel ist das **Château d'If 1** (tgl. 9–18.30 Uhr, 5 €). Die Festung mit den markanten Rundtürmen scheint das 5 ha große Felseiland zu erdrücken. Gebaut wurde das Château von der französischen Krone im 16. Jh. nicht als Kerker, zu dem es erst später wurde, sondern als militärischer Vorposten des Marseiller Hafens, der noch 1524 von der spanischen Flotte belagert worden war. Um 1600 verlor das Fort seine militärische Bedeutung und wurde Staatsgefängnis. Nacheinander saßen in den um einen Innenhof verteilten Zellen Protestanten, Majestätsbeleidiger und Kommunarden ein. Berühmt wurde der Bau durch Alexandre Dumas'

**Übrigens:** Der Verein Association Caroline bringt Leben ins Hôpital Caroline auf der Île Ratonneau. Während der **Nuits Caroline** wird die Ruine der ehemaligen Quarantänestation für ein paar Sommernächte zur Kulisse von Tanz- und Musikaufführungen. Der besondere Kick liegt in der Überfahrt mit der Fähre (Info-Tel. 04 91 59 00 73, http://marsdesign.free.fr/caroline).

Roman »Der Graf von Monte Christo« – ein Mann dieses Namens saß hier freilich nie ein. Macht nichts, die Zelle des fiktiven Gefangenen ist dennoch zu besichtigen. Vom Donjon scheint Marseille zum Greifen nah – der Panoramablick auf die Bucht und die neue Façade Maritime (s. S. 60) ist grandios.

### Pack die Badehose ein

Zehn weitere Minuten Bootsfahrt, und man steht auf der **Île Ratonneau** `2`, der einzigen ganzjährig bewohnten Insel des Archipels. 1974 erfolgte der Spatenstich für das Village du Frioul, ein Retortendorf mit geplanten 2300 Wohneinheiten, Schule, Hotel und einem Hafen mit 1500 Ankerplätzen. Bereits 1978 kam das Bauvorhaben zum Erliegen. Gut so! Denn die Insel blieb so von zu viel Beton verschont. Überbor-

dende Bougainvilleen schmeicheln den fertiggestellten Bauten hinter dem Kai, an dem sich Restaurants und Bars reihen. Wanderwege durch die Garrigue führen zu den Calanques, den Badebuchten: Am beliebtesten ist die Calanque de Morgiret auf der Westseite (15 Min. Fußweg ab Anleger). Über die Calanque de St-Estève im Osten wachen sommers Rettungsschwimmer (30 Min. Fußweg).

Wer oberhalb der Bucht weiter in Richtung Cap de Croix wandert, stößt bald auf die Ruinen des Hôpital Caroline. Von 1828 bis 1942 diente der Komplex als Quarantänestation für Soldaten und Sträflinge, die an Gelbfieber oder anderen ansteckenden Krankheiten litten. Die Ruine der Kirche wirkt wie ein antiker Tempel.

### Wandern mit Aussicht

Trockenen Fußes gelangt man dank eines 360 m langen Verbindungsdeichs von Ratonneau auf die **Île Pomègues** `3`. Ein Wanderweg folgt der gesamten Länge der kargen Insel (3 Std. hin und zurück). In teils Schwindel erregender Höhe geht es an Felsbuchten vorbei, die oft nur mit dem Boot zu erreichen sind. Zum Trost bleiben die herrlichen Ausblicke, etwa von der Pointe de Pomègues im Osten oder dem Cap Caveau an der Südspitze der Insel.

### Anreise

Ab Vieux Port bis zu 20 Überfahrten pro Tag mit **Frioul If Express** (1, quai de la Fraternité, Tel. 04 91 46 54 65, www.frioul-if-express.com, Kombiticket Îles de Frioul 15 € hin und zurück).

### Kulinarische Inselgenüsse

Es gibt eine einfache **Snackbar** `1` auf der Île d'If (nur tagsüber, Mitte Nov.– April, Sept.–Mitte Nov. Di–So), von de-

ren Tischen man auf Marseille schaut – grandios! **L'Orange Bleue** `2` auf der Île Ratonneau (Quai d'Honneur, Tel. 04 91 59 09 53, Sommer Di–So, Nebensaison Di–Sa, Menü unter der Woche 13–18 €, sonst à la carte 27–35 €) lockt fünf Minuten vom Fähranleger entfernt mit dem Fang des Tages (etwa Seebarsch-Tartar mit Minze und Schnittlauch) und frischen Gemüsen. Die Alternative: ein **Picknick!**

**Karte:** ▶ E/F 6 | **Anreise:** Buslinien 20, 22, 23 oder per Boot von Cassis

Gut 400 m ragen die Kalkklippen über den Calanques empor. Die in der letzten Eiszeit entstandenen, an die 2 km tiefen Buchten zerschneiden einen 28 km langen Felsküstenstreifen, der größtenteils zum 8. Arrondissement Marseilles gehört. Kein Haus, kein Mast stört die wilde Schönheit nackter Felsen und zugewucherter Talfurchen. Die Großstadt scheint hier Lichtjahre entfernt.

Die zwei Dutzend Buchten zwischen dem östlichen Stadtrand von Marseille und dem Hafenstädtchen Cassis sind fast ausnahmslos naturbelassen und menschenleer. Einige wenige kann man mit Bus oder Auto erreichen, die meisten nur zu Fuß oder mit dem Pendelboot. Schroffe Felsnadeln rahmen das türkisfarbene, smaragdgrüne oder nachtblaue Wasser der Buchten. Bereits in der Antike abgeholzt, entwickelte sich im subariden Klima der ausgebleichten Steinlandschaft eine endemische, immergrüne Vegetation, die Brutkolonien von Zugvögeln Schutz bietet. Habichtsadler, Wanderfalke, Uhu, Felsenschwalben, Blaumerlen oder Fahlsegler bevölkern die Felsen. Perleidechse und Mittelmeergecko hasten über den Weg. Mit etwas Glück kreist sogar ein Bonelli-Adler über den Köpfen.

## Wanderparadies mit Tücken

Der mit einem rot-weißen Doppelbalken markierte Fernwanderweg GR 98 folgt ab der **Calanque Callelongue** 1 der Felsküste. In Kehren und Kurven geht es von einer Calanque zur nächsten, mal hoch über Steilfelsen oder am Strand entlang bis ins Hafenstädtchen Cassis. Achtung: Die 23 km lange Wanderung ist anstrengend (8–9 Std.). Man sollte unbedingt Wasser, Verpflegung, Kopfbedeckung und ein Handy mitnehmen. Gouffé-Kraut wuchert an Geröllhängen, die zu betreten man wegen Absturzgefahr tunlichst vermeiden sollte: Wo sich in Felsklüften Humus sammeln konnte, sprießen Zwergiris, Ros-

**Blick in die dramatisch-schöne Calanque d'En-Vau**

marin, Kermeseiche, Myrte und Steinlorbeer. Nicht jede Calanque ist übrigens leicht zugänglich: In die Calanque de l'Oule herunterzukraxeln, empfiehlt sich nur für geübte Kletterer.

**Strände zum Abkühlen**

Von Callelongue über einen breiten Geröllweg ist in knapp einer Stunde die **Calanque de Marseilleveyre** 2 erreicht. Kalkbleiche Felsen rahmen den Strand. Das Szenario mit der Strandbar **Chez le Belge** 1, ausgeblichenen Holztischen und windzerzausten Bougainvilleen erinnert an Griechenland. In der **Calanque de Sormiou** 3 überschatten Pinien z. T. den schönen Sandstrand. In der vom Cap Morgiou abgeschirmten **Calanque de Morgiou** 4 stehen schlichte Fischerbaracken. Bevor man die Bucht erreicht, führt ein Stichweg an die Spitze des Kaps.

Zu seinen Füßen liegt die nur per Boot erreichbare **Calanque de la Triperie** 5. Aus ihrer Tiefe schlug 1991

die Nachricht von der Neuentdeckung einer Grotte wie eine Bombe ein. Eine weitere Grotte zwischen Marseille und Cassis wäre eigentlich nichts Besonderes gewesen. In die Schlagzeilen aber geriet die Grotte, weil sie Spuren aus grauer Vorzeit birgt. Die in 37 m Meerestiefe zugängliche, von dem Tauchlehrer Henri Cosquer entdeckte Grotte ist mit altsteinzeitlichen Felszeichnungen bemalt, die es mit denen von Lascaux aufnehmen können. Der Zugang ist streng verboten.

Weiter in Richtung Cassis folgen die **Calanque de Sugiton** 6 (FKK-Strand mit Inselchen und wild zerklüfteten Klippen) und die **Calanque du Devenson** 7, die 318 m hohe Uferklippen überragen. Als Krönung der Wanderung gilt die **Calanque d'En-Vau** 8. Felsnadeln wie der ›Gottesfinger‹ rahmen die dramatisch schöne Bucht. Glasglares, türkisfarbenes Wasser schwappt an den Strand. In der Hochsaison oder an Wochenenden ist allerdings jeder Quadratmeter belegt, da Ausflugsschiffe regelmäßig Badegäste in der Bucht absetzen. Ähnlich verhält es sich mit dem von Pinien gerahmten Sandstrand der benachbarten **Calanque de Port-Pin** 9.

## Rettung in letzter Sekunde

Das Naturwunder der Calanques war einst gefährdet, da der leicht abbaubare Kalkstein als Baumaterial von Genua bis zum Suezkanal begehrt war. Konnte 1913 die Ausbeutung der **Calanque de Port-Miou** 10 (die längste Calanque liegt kurz vor Cassis und zählt nach dem verheerenden Waldbrand von 1990 heute mehr Schiffsmasten als Bäume) als Steinbruch nicht verhindert werden, siegten die Naturschützer bei ähnlichen Vorhaben in anderen Calanques. Seit 1975 steht das gesamte Gebiet unter rigorosem Naturschutz. Autos haben auf den Staub- und Schotterpisten des Hinterlands nichts mehr zu suchen, bei Brandgefahr werden Teile des Gebiets auch für Wanderer abgeriegelt.

---

### Mit dem Bus in die Calanques

Der Ausgangspunkt der Wanderung in Callelongue ist mit **Buslinie 20** ab La Madrague de Montredon problemlos zu erreichen. Als **Wanderkarte** empfiehlt sich die ign-Karte Nr. 3145 ET Marseille-Les Calanques, Maßstab 1:25 000. Wer die Gesamtstrecke scheut, kann einen kürzeren Ausflug in die eine oder andere Calanques ins Auge fassen, etwa in die Calanque de Sormiou (Buslinie 23 ab Metro Rond-Point du Prado bis Endstation, danach 1 Std. Wanderung) oder die Calanque de Morgiou (Buslinie 22 ab Metro Rond-Point du Prado bis Endstation, danach 1 Std. Wanderung).

### Bootstouren in die Calanques

Von Cassis aus pendeln Boote zu den **Calanques d'En-Vau** und **Morgiou:** Wer will, wandert bis zur Calanque und nimmt anschließend das Boot zurück (www.ot-cassis.com). Vom Quai des Belges in Marseille starten mehrere Veranstalter zu Ausflugsfahrten in die Calanques, so etwa Icard Maritime-Marseille Côté Mer (Quai des Belges, Tel. 04 91 33 03 29, www.visite-des-calanques.com) oder Croisières Marseille-Calanques (74, quai du Port, Tel. 08 25 13 68 00, www.croisieres-mar seille-calanques.com).

### Pizza, gegrillter Fisch und Bouillabaisse

**Chez le Belge:** Calanque de Marseilleveyre, kein Tel., im Sommer tgl., sonst Sa, So, à la carte 20 €.
**La Grotte** 2 (Calanque de Callelongue, Tel. 04 91 73 17 79, tgl., à la carte 30–35 €) ist ein sicherer kulinarischer Hafen. Am schönsten sitzt man auf der Terrasse unter den Kletterrosen. Die Pizza ist günstig, der Fisch vom Grill frisch. In der **Nautic Bar** 3 (Calanque de Morgiou, Tel. 04 91 40 06 37, So abends, Mo, um Weihnachten und im Feb. geschl., à la carte ab 30 €) serviert Patronne Sylvie Petites *fritures* und auf Vorbestellung Bouillabaisse.
Im **Le Lunch** 4 (Calanque de Sormiou, Tel. 04 91 25 05 37, Mitte März–Okt. tgl., à la carte ab 40 €) stand Fernsehköchin Sarah Wiener für arte vor der Kamera. In der Küche lernte sie, wie man eine echte Bouillabaisse zubereitet, die hier am besten schmecken soll. Im Sommer ist die Zufahrtstraße gesperrt. Ausnahme: Anlieger und Restaurantgäste, die bei der Reservierung ihr Nummernschild angegeben haben.

# Noch mehr Marseille

## Gebäude, Ensembles

### Ancien Palais de Justice
### (Pavillon Daviel) ▶ Karte 2, E 7
*Pl. Daviel, Straßenbahn: Sadi Carnot*
Das alte Justizpalais wurde 1743–1747 im typischen Provence-Barockstil errichtet. Ein herrlicher schmiedeeiserner Balkon schmückt das zentrale Fenster. Im mit einem Steinrelief verzierten Giebel reitet eine Göttin auf einem Löwen, eines der Kinder an ihrer Seite hält ein Wappen von Marseille, das andere Gesetzestafeln. Im Palast sind heute die Büros der Stadträte untergebracht.

### Cité Radieuse ▶ Karte 3, D 5
*280, bd. Michelet, Metro: Rond-Point du Prado, Foyer und Dachterrasse tagsüber 9–18 Uhr, Führungen über Office de Tourisme (s. S. 19)*
1945 erhielt der Schweizer Avantgarde-Architekt Le Corbusier vom französischen Ministerium für Wiederaufbau den Auftrag, eine Unité d'Habitation für Marseille zu entwerfen. Sieben Jahre sollten bis zur Fertigstellung des 137 m langen, 24 m breiten und 56 m hohen Bauwerks vergehen, die Le Corbusier als »wahre Technikschlacht« in Erinnerung behielt. Der 337 Wohnungen, Läden, Büros, ein Restaurant und ein Hotel fassende Wohnblock wurde 1952 eingeweiht. Seither pilgern Architekten aus aller Welt zu dieser Ikone des Aufbruchs. Der mit kräftigen Farben akzentuierte Betonkoloss stelzt auf schrägen Säulenfüßen. Die Sicht von der wie ein Skulpturengarten wirkenden Dachterrasse über Stadt und Küste ist grandios. Als günstiges Wohnquartier sozial Benachteiligter hat die Cité radieuse entgegen solchen Plänen von Anfang an nicht funktioniert. Freiberufler und Besserverdienende stellen seit fast 60 Jahren das Gros der heute 1000 Menschen beherbergenden Wohneinheit.

### Consigne Sanitaire ▶ Karte 2, D 7
*Quai du Port, Metro: Vieux Port*
Angesichts der Pestgefahr wurde 1719 ein durch den italienischen Barock inspiriertes Quarantäneamt am nördlichen Hafeneingang errichtet. Der eingeschossige Bau mit Attika trägt im Giebel das königliche Wappen. Im 19. Jh. entstand benachbart ein zweiter, identischer Bau.

### Fort St-Jean ▶ D 7
*Promenade Louis Brauquier, Metro: Vieux Port, zu Ausstellungen geöffnet (s. provisorisches MuCEM, S. 61, 77)*
Die Festung mit den beiden markanten Türmen aus dem 15. Jh. schützt die nördliche Hafenzufahrt. Die eckige Tour Carrée wirkt besonders abweisend. Im Vergleich dazu zierlich erscheint die runde Tour Fanal. Um die Anlage führt immer am Wasser entlang die Promenade Louis Brauquier, von der man einen herrlichen Blick über das Meer hat.

### Fort St-Nicolas ▶ Karte 2, D 7/8
*2, bd. Charles Livon, Bus: 83, Haltestelle Fort St-Nicolas*

Ludwig XIV. ließ 1660 den Bau der Festung am südlichen Hafeneingang errichten. Ziel war es, sowohl den Hafen als auch die Stadt zu kontrollieren. Seit 1863 zerteilt der Boulevard Charles Livon die Anlage in Oberes und Unteres Fort. Hausherr ist nach wie vor die Armee.

### Gare St-Charles ▶ F/G 5/6
*Esplanade de La Gare St-Charles, Metro: St-Charles, frei zugänglich*
Marseilles Hauptbahnhof von 1848 wurde 2007 um eine lichte, schicke Neubauhalle mit Boutiquen und Restaurants erweitert, die **Halle Honnorat.** Souverän konkurriert die elegante Nüchternheit des Neubaus mit dem Second-Empire-Pomp der alten Gare St-Charles. Erst 1925 wurde die gewaltige Freitreppe mit den verspielten Leuchten und dem aufwendigen Skulpturenprogramm zum Boulevard d'Athènes vollendet.

### L'Hôtel-Dieu ▶ Karte 2, E 6
*Pl. Daviel, Straßenbahn: Sadi Carnot*
Das im 12. Jh. gegründete ehemalige Krankenhaus verdankt sein schlossartiges Aussehen einem Neubau aus dem Jahr 1753. Die hohen, offenen Galerien des drei Etagen zählenden Baus sollten den Kranken frische Luft und damit Heilung bringen. Zwei Monumentaltreppen verbinden die Stockwerke. Das Krankenhaus wurde 1993 geschlossen und soll bis 2012 zum Luxushotel umgebaut werden.

### Hôtel de Cabre ▶ Karte 2, E 7
*Ecke Grand'Rue/Rue de la Bonneterie, Metro: Vieux Port*
Das spätgotische Hôtel de Cabre (1535) gilt als ältestes Stadtpalais Marseilles. Es stand bis 1954 ein paar Meter weiter an der Grand'Rue, wurde dann auf Schienen komplett versetzt, um die Straße zu verbreitern. Zu den gotischen Fensterkreuzen kommen ers-

**Atemberaubender Blick vom Fort St-Jean auf das Fort St-Nicolas und den Vieux Port – beide Festungsanlagen dienten dem Schutz der Stadt**

# Noch mehr Marseille

te Stilelemente der Renaissance, so etwa die Ziernische auf der Hausecke.

## Hôtel de Ville ▶ Karte 2, E 7

*Quai du Port, Metro: Vieux Port, Besichtigung über Office de Tourisme (s. S. 19)*
Das im Genueser Barock 1656–1673 erbaute alte Rathaus geht in seinen Proportionen zwischen den modernen Blöcken am Hafenkai etwas unter. Der zweiflügelige Bau mit dem noblen Mittelbalkon an der ersten Etage wirkt innen wie ein Schloss. Die Pläne gehen auf Pierre Puget zurück, Baumeister der Vieille Charité, wurden jedoch nach einem Baustopp von Gaspard Puget und Mathieu Paortal ausgeführt. Eine ausladende Steintreppe führt in die oberen Etagen. Zum Rathaus gehört ein Nachbarhaus in der Rue de la Loge, das über eine Galerie mit dem Hauptbau verbunden ist.

## Maison Diamantée ▶ Karte 2, E 7

*2, rue de la Prison, Metro: Vieux Port, Di–So Juni–Sept. 11–18, Okt.–Mai 10–17 Uhr,*
Das 1570 erbaute Stadtpalais verdankt seinen Namen den auffälligen, in Form von geschliffenen Diamanten vorkragenden Fassadensteinen. Der Bau ist eines der wenigen erhaltenen Reederpalais der Stadt und wird heute für Sonderausstellungen des Musée du Vieux Marseille genutzt.

## Mémorial des Camps de la Mort ▶ Karte 2, D 7

*Quai de la Tourette, Bus: 55, 83, Haltestelle Quai de la Tourette, Di–So Juni–Sept. 11–18, sonst 10–17 Uhr*
Die Gedenkstelle in einem deutschen Bunker erinnert an die Toten in den deutschen Konzentrationslagern. Dokumentiert sind ebenfalls die Zerstörung der nördlichen Altstadt und die Razzien des Jahres 1943.

## Opéra ▶ Karte 2, F 7

*2, rue Molière, www.marseille.fr, Metro: Vieux Port*
Die in den 1920er-Jahren in purem Art déco neu gebaute Oper bezieht die nach einem verheerenden Brand erhalten gebliebenen Reste eines über 220 Jahre alten Vorgängerbaus mit ein. So treffen die dorischen Säulen des 1787 eröffneten ersten Opernhauses auf ein Attikageschoss und bronzene Reliefs von 1924. Der Stilmisch ist auch im Innern so gewagt wie einzigartig.

## Palais du Pharo ▶ C 7

*Jardin du Pharo, Bus: 83, Haltestelle Le Pharo, Park 8–22 Uhr, Besichtigung des Palais nur in Gruppen, Reservierung über das Office de Tourisme (s. S. 19)*
Der zweiflügelige Second-Empire-Protzbau wurde 1856 als Seeresidenz für Kaiserin Eugénie begonnen, war jedoch beim Fall des Zweiten Kaiserreichs 1871 noch nicht fertiggestellt. Beherbergt heute Teile der medizinischen Fakultät und ein Kongresszentrum.

## Place Castellane ▶ G 9

*Metro: Castellane*
Mit dem im 19. Jh. angelegten, großzügigen Platz pocht Marseille auf Großstadt. Seit 1911 thront der marmorne Cantini-Brunnen in der Mitte der Place. Auf seine von Flussallegorien gefasste zentrale Säule laufen die breite Avenue du Prado (die in die besseren Prado-Viertel in Richtung Küste führt) und ein halbes Dutzend weiterer Straßen und Avenuen zu. Ringsherum laden Caféterrassen mit Palmen am Trottoir zum Verweilen ein.

## Place de Lenche ▶ Karte 2, D 7

*www.theatredelenche.info, Metro: Vieux Port*
Der älteste Platz Marseilles bedeckt die

antike Agora der Griechen, auf dem die Römer später ihr Forum errichteten. Ab dem 16. Jh. siedelten sich hier reiche Kaufleute und Reeder an; darunter auch die korsischen Korallenhändler Thomas und Antoine Lenche, nach denen der Platz benannt wurde. Ihr Handelspalais für die Compagnie du Corail in Hausnummer 4 wird heute als Theater genutzt **(Théâtre de Lenche).** Auf der Südseite des Platzes sind bei Ausgrabungen Gewölbekeller aus dem 2. Jh. v. Chr. gefunden worden, die als Wasserspeicher gedient haben könnten. Die Mitte des Platzes, der von Cafés gesäumt wird und von dem man auf den Vieux Port blickt, ziert eine Büste von Henri Tasso, der von 1935 bis 1939 Bürgermeister von Marseille war.

### Place Sadi Carnot ▶ Karte 2, E 6
*Straßenbahn: Sadi Carnot*
Der kreisrunde Platz, mit dem die fulminante Achse der Rue de la République zweigeteilt wird, erstrahlt nach der Sanierung in alter Pracht. Unter den überladenen Fassaden der 1850er-Jahre sticht die der ehemaligen Reederei **Messageries Maritimes** (Nr. 3) ins Auge, deren Portal zwei Einhörner flankieren.

### Porte d'Aix ▶ Karte 2, F 6
*Pl. Jules Guesde, Metro: Jules Guesde*
Bereits im 18. Jh. sollte an dieser Stelle ein Stadttor den nördlichen Eingang der Stadt markieren. Doch erst 1839 konnte die Porte d'Aix, auf deren Höhe sich die Fernstraße nach Aix mit der nach Paris kreuzt, eingeweiht werden. In seiner Form kopiert das Stadttor einen antiken Triumphbogen. Die Steinreliefs feiern die Siege der Französischen Revolution.

### Quai du Port ▶ Karte 2, D/E 7
*Metro: Vieux Port*

Die moderne Bebauung des Quai du Port stammt aus den 1950er-Jahren. Für das Trümmerfeld, das nach der Sprengung der nördlichen Altstadt 1943 übrig geblieben war, entwarf der Städtebauer Roger-Henri Expert vier hufeisenförmige Wohntürme, von denen nur zwei, und diese niedriger als geplant, realisiert wurden. Der Architekt André Leconte entwarf parallel dazu die längs des Kais gezogenen Riegelwohnblöcke, die wegen öffentlichen Protestes ebenfalls nur in veränderter Form gebaut werden konnten. Bogengänge und der helle Stein aus den Steinbrüchen des Pont du Gard entschärften die nüchternen Originalpläne. Loggien, Balkone und Skulpturenschmuck lockern die Fassaden auf, die heute unter Denkmalschutz stehen.

### Stade Vélodrome ▶ Karte 3, D 5
*3, bd. Michelet, www.om.net, Metro: Rond-Point du Prado, Juli, Aug. 10–19, sonst Mo–Sa 10–13, 14–18 Uhr*
Das Fußballstadion und die Radrennbahn unter einer eliptischen Kuppel sind die nach Notre-Dame-de-la-Garde meistbesuchten Bauwerke der Stadt. Der lichte, elegante Bau aus den 1930er-Jahren wurde 1998 – Frankreich war Austragungsort der Fußballweltmeisterschaft – modernisiert. Die markante Fassade mit der Abfolge von Doppelsäulen blieb erhalten.

### St-Laurent ▶ Karte 2, D 7
*Esplanade de la Tourette, Bus: 55, 83, Haltestelle Quai de la Tourette, 14–17 Uhr*
Die Kirche St-Laurent (13. Jh.) ist eines der wenigen Gebäude nördlich des Vieux Port, das 1943 nicht komplett gesprengt wurde. Trotz mehrfacher Umbauten bleibt die Kirche ein schönes Beispiel für den provenzalisch-romanischen Stil.

## Tipps für Museumsbesuche

Als Museumsstandort spielte Marseille im französischen Vergleich lange lediglich eine zweite Geige. Es gab nur wenige, wenn auch – wie im Fall des Musée Cantini – sehr hochkarätig bestückte Häuser. Das änderte sich erst mit dem Umbau der Vieille Charité in einen Museumspol mit gleich zwei Häusern. Fast zeitgleich eröffnete das Musée d'Art Moderne, mit dem die zeitgenössische Kunst ihren festen Platz in Marseille fand. Es folgte das Musée de la Mode, das die Museumslandschaft Hafenstadt ebenfalls um ein an der Gegenwart orientiertes Haus bereicherte. Zuletzt wurden alteingesessene Häuser wie das Musée Cantini oder das Musée d'Histoire Naturelle aufwendig saniert, wozu auch die Neuordnung der Sammlungen gehört. Zurzeit ist das Musée des Beaux-Arts an der Reihe, das 2013 in neuem Glanz wiedereröffnet werden soll. Der ganz große Durchbruch als Museumsstandort von internationalem Rang aber steht mit dem im Bau befindlichen MuCEM noch bevor. Der Grundstein für das Musée des Arts et des Civilisations de l'Europe et de la Méditerranée, das zurzeit im Fort St-Jean ein eher provisorisches Dasein fristet, wurde 2009 gelegt. Der von Rudy Ricciotti entworfene transparente Kubus, den ein Steg über das Hafenbecken mit dem Fort St-Jean verbinden wird, soll die kulturellen Schnittpunkte zwischen Gesellschaften Europas und denen des Mittelmeers beleuchten.

**Infos und Öffnungszeiten:** Alle städtischen Museen werden im Internet auf der Website des Rathauses vorgestellt: www.marseille.fr. Wenn nicht anders angegeben, sind die Museen ansonsten wie folgt geöffnet: Di–So, Juni–Sept. 11–18, Okt.–Mai 10–17 Uhr.

**Museumsnacht:** Im Frühling, wenn die Tage wieder länger werden, öffnen Frankreichs Museen eine Nacht lang gratis ihre Türen. An der landesweit Mitte Mai veranstalteten Nuit des Musées beteiligen sich jedes Jahr die meisten Museen der Stadt. Wie in Marseille nicht anders zu erwarten, steht neben den Dauerschauen und dem Rahmenprogramm das Fest im Vordergrund: Die Marseiller Museumsnacht ist auch eine Nacht ausgelassener Geselligkeit (www.nuitdesmusees. culture.fr).

### St-Victor ▶ D 8

*3, rue de l'Abbaye, www.saintvictor. net, Bus: 61, 80, Haltestelle Corse du 4-septembre, 9–19 Uhr*

Die trutzige Gottesburg mit den mehr als 3 m dicken Chorwänden blieb als Rest der während der Revolution zerstörten Abtei St-Victor (13./14. Jh.) erhalten. Unter der Basilika verschachteln sich Krypten, die bis auf das 5. Jh. zurückgehen: Die Chapelle Notre-Dame-de-Confession stammt aus dem 6. Jh. und ruht auf zwei aus dem Fels geschlagenen Grablegen. Frühchristliche, in die Mauern miteinbezogene Sarkophage sind nochmals 200 Jahre älter. In der Chapelle de Ste-Madeleine überrascht eine archaische, vorromanische Figur – vermutlich war die Krypta das Grab des hl. Viktor, der den Marienkult in die Provence brachte und als Märtyrer starb.

St-Victor enthüllt mit jeder Stufe tiefer in den Fels das Alter der Stadt. Über allem schwebt der Hauch der Antike. Die hervorragende Akustik und die Größe (1000 Plätze) der ehemaligen Abtei-kirche führten dazu, dass der Kirchen-raum seit 1965 zur Aufführung klassi-scher Konzerte genutzt wird. Niveau, Solisten und Ensembles sind hochkarä-tig – besonders anlässlich des Herbst-festivals (s. S .18).

### Ste-Marie-Magdeleine-des-Chartreux ► J 4

*26, pl. Edmond Audran, Metro: Char-treux, Mo–Fr 10.30–12, 16.30–18.30 Uhr*

Die hochbarocke Kirche (1680–1702) ist ein Relikt der ehemaligen Kartäuse von Marseille. Das Kloster wurde in der Revolution aufgehoben und ver-schwand restlos. Umso makelloser wir-ken die von ionischen und korinthischen Kapitellen gekrönten Säulen der Fassade.

## Museen

### MuCEM ► D 7

*Im Fort St-Jean, Esplanade St-Jean, Eingang über die Tour d'Assaut, www.mucem.eu, Metro: Vieux Port, nur zu Sonderausstellungen geöffnet*

Die im Hafenfort aus dem 12. Jh. ge-zeigten Sonderausstellungen geben ei-nen Vorgeschmack auf das Musée des Arts et des Civilisations de l'Europe et de la Méditerranée, dessen Eröffnung für 2011 geplant ist und das das Fort miteinbeziehen wird. Thema des von Paris lancierten, spektakulären Neu-baus sollen die Bezüge der Kulturen Europas und des Mittelmeerraums sein.

### Musée d'Art Contemporain – MAC ► Karte 3, D 5

*69, av. Haïfa, Bus: 23, 45, Haltestelle Haïfa-Marie-Louise, Di–So Juni–Sept. 11–18, Okt.–Mai 10–17 Uhr, Führun-gen Mi, Sa, So 15 Uhr*

Das Museum in einer ehemaligen Villa aus den 1970er-Jahren zeigt zeitgenös-sische Kunst der letzten 50 Jahre. Schwerpunkte sind Fluxus, Arte Povera, Concept Art, Pop Art. Zu den ausge-stellten Künstlern zählen Christo, Yves Klein, Rauschenberg und der aus Mar-seille stammende Bildhauer César, des-sen 6 m hoher Bronzedaumen »Le Pouce« in Sichtweite zum Museum auf dem Rond-Point Pierre Guerre aufge-stellt wurde.

### Musée des Beaux-Arts ► H 5

*Im Palais Longchamp, Pl. Henri Dunant, Metro: Cinq Avenues Long-champ, wegen Renovierung geschl.*

Das Kunstmuseum befindet sich seit 1869 im linken Flügel des Palais Long-champ. Die Sammlung besteht aus Werken, die während der Französischen Revolution in Kirchen, Klöstern und bei Familien, die geflohen waren, beschlag-nahmt wurden: Gemälde der französi-schen und italienischen Schule (Carrac-ci, Bassetti), flämische Meisterwerke (Rubens, Jordaens) sowie Werke der provenzalischen Schule (Pierre Puget, Michel Serre) des 17.–19. Jh.

### Musée des Docks Romains

**► Karte 2, E 7**

*4, pl. Vivaux, Metro: Vieux Port*

Das Museum wurde in situ, über den ausgegrabenen römischen Hafenanla-gen eingerichtet. Präsentiert wird der Marseiller Hafen zwischen dem 6. Jh. v. Chr. und dem 4. Jh. n. Chr. Hinzu kommen archäologische Fundstücke von Schiffen, die vor der Küste Mar-seilles gesunken sind.

### Musée de la Faïence

**► Karte 3, D 5**

*Im Château Pastré, Bus: 19, Haltestelle Montredon Miremont*

Das Château Pastré in einem Park ober-

**Das spektakuläre MuCEM soll nach Umbau 2011 neu eröffnet werden**

halb des Jachthafens La Pointe Rouge ist ein grandioses Landgut von 1862. Das darin untergebrachte Fayencenmuseum zeigt mehr als 1500 Stücke aus 7000 Jahren. Marseille war im 17. Jh. ein wichtiges Zentrum der Fayencenherstellung, wie Werke aus den Ateliers Clérissy, Leroy und Fauchier beweisen.

### Musée Grobet-Labadie
▶ H 6
*141, bd. Longchamp, Metro: Cinq Avenues Longchamp*
Das Stadtpalais aus dem 19. Jh. gehörte der Marseiller Kaufmannsfamilie Labadie, deren Möbel und Kunstgegenstände den Fundus des Museums bilden. Salons, Schlafzimmer, Boudoirs und Bibliothek veranschaulichen das Wohnambiente einer großbürgerlichen Familie der damaligen Zeit. An den Wänden hängen Gemälde von Fragonard, Monticelli, Puget, Boucher, Watteau, Ingres, Millet, Delacroix, Corot.

### Musée d'Histoire Naturelle
▶ H 5/6
*Im Palais Longchamp, Pl. Henri Dunant, Metro: Cinq Avenues Longchamp, Di–So 10–17 Uhr*
Eines der bedeutendsten Naturkundemuseen Frankreichs, mit Schwerpunkt auf dem Mittelmeerraum. Ein ganzer Saal ist der Flora und Fauna der Provence gewidmet, ein anderer den (ausgestopften) Tieren Afrikas, Australiens und Neuseelands.

### Musée du Terroir Marseillais
▶ Karte 3, E 3
*Im Château Gombert, 5, pl. des Héros, Metro: Malpassé, Di–Fr 9–12, 14–18.30, Sa, So 14.30–18.30 Uhr*
Das Museum dokumentiert die Traditionen Marseilles und seines Umlands. Dazu gehört etwa die ›Table des treize desserts‹, die zu Weihnachten mit 13 verschiedenen Desserts beladene Festtafel. Hinzu kommen Trachten und Santons. Provenzalischkurse oder Kurse für Boutis-Stickerei dienen der Brauchtumspflege. Das zugehörige Restaurant **La Table Marseillaise** in einer Seitengasse versprüht mit provenzalischen

*Metro: Cinq Avenues Longchamp,*
*Winter 8–17.30, Sommer bis 20 Uhr*
Ursprünglich gehörten zu dem im 19. Jh. angelegten Park ein Zoo und ein Botanischer Garten. Geblieben sind auf den 12 ha Grünflächen der maurisch inspirierte Giraffenpavillon (1860), der Musikpavillon (1888), Statuen, das Planetarium, ein Aquädukt und die große Kaskade. Letztere setzt das Palais Longchamp in Szene: Der zweiflügelige Prachtbau mit den geschwungenen Kolonnaden steht über gewaltigen unterirdischen Wasserkatakomben. Die beiden Flügel dienen als Museen (s. S. 77, 78). Der Mittelbau sticht durch eine Großskulptur hervor, die den Fluss Durance darstellen soll. Dessen Wasser kommt, von einem Kanal geleitet, genau an dieser Stelle in Marseille an.

### Jardin du Pharo ► C/D 7/8
*Bd. Charles Livon, Bus: 83, Haltestelle Le Pharo, 8–22 Uhr*
Der Park rund um das für Kaiserin Eugénie 1852 erbaute Palais du Pharo ermöglicht einen tollen Blick auf den Vieux Port. Zwischen den Vorlesungen belegen Studenten der medizinischen Fakultät Bänke und Rasen.

### Parc du 26ième Centenaire
► Karte 2, F/G 7
*Rond-Point Zino Francescatti, Metro: Castellane*
Der 10 ha große Park wurde 2001 auf dem Gelände des ehemaligen Prado-Bahnhofs angelegt. 26 nordamerikanische Mammutbäume (Sequoias) verweisen auf die 2600-jährige Geschichte der Stadt. Vier Themengärten *(jardin provencal, oriental, africain, asiatique)* stehen für das Völkergemisch der Stadt. Wo früher die Schienen eines aufgelassenen Bahnsteigs verliefen, ließ der Paysagiste (Landschaftsarchitekt) Bernard Huet einen Kanal anlegen.

Möbeln die Atmosphäre eines alten Landhauses. Auf der Speisekarte stehen provenzalische und Marseiller Spezialitäten (Tel. 04 91 05 30 95, So–Fr mittags, Fr, Sa abends, Menü um 25 €).

## Parks und Gärten

### Campagne Pastré
► Karte 3, D 6
*Av. de Montredon, Bus: 19, Haltestelle Montredon Miremont*
Der im 19. Jh. gebaute Canal de Marseille hat das Wunder ermöglicht, die krautige Garrigue am Fuß des Massif de Marseilleveyre in einen üppig bewaldeten Park mit zwei Teichen zu verwandeln. Das Gelände geht mit Pinien, Kermeseichen und Ginster fast nahtlos in die wilde Schönheit des Massivs über – Wanderwege laden zum Aufstieg ein.

### Jardin und Palais Longchamp
► H/J 5/6
*Eingänge: Bd. Montricher und Bd. du Jardin Zoologique, Rue Jeanne Jugan,*

# Ausflüge

## Cassis ▶ Karte 3, G 6

Cassis ist ein Lieblingswochenendziel der Marseillais. Die Lage macht's: Im Osten stürzt das ockergelbe Cap Canaille aus 362 m Höhe ins Mittelmeer, im Westen rahmt das kreidebleiche Cap de la Gardiole mit ebenso dramatischer Geste die Bucht von Cassis. Dazwischen fällt der Ort sanft bis zu den Terrassen am Hafen ab. Zur Bilderbuchlage kommt der Ruf als Tor zu den Calanques. Berühmt sind auch die mit einer A.O.C. geadelten trockenen, nach Myrthe und Rosmarin mundenden Weißweine, von denen der Provence-Dichter Frédéric Mistral behauptete, sie schmecken »süßer als Honig«.

In der Altstadt ordnen sich die Gassen des 17./18. Jh. im Schachbrettmuster an. Die Place Baragnon ist das Herz von Cassis. Hier residieren auch das **Hôtel de Ville** mit der vornehmen Fassade eines ehemaligen Adelspalais und dem mit dicken Kieseln gepflasterten Hof und das **Heimatmuseum** (Mi–Sa 10.30–12.30, 14.30–17.30, im Sommer 10.30–12.30, 15.30–18.30 Uhr). Der Hafen mit dem von einer Statue des hl. Petrus geschmückten Tribunal de Pêche (Gerichtsbarkeit der Fischer) und der Strand sind fein säuberlich von der weit ins Meer getriebenen Promenade Aristide Briand getrennt, die die Segelboote vor dem offenen Meer schützt.

Gebadet wird im Osten. Oberhalb des Kieselstreifens an der **Plage de la Grande Mer** (Sandstrand) verläuft die Promenade des Lombards. Vorbei an der Pointe des Lombards endet sie bei den Strandbuchten von Corton (Kiesel) und Arène (Fels). Auf dem halbstündigen Fußweg passiert man eine Treppe, die zu den imposanten Ruinen der **Burg** hochführt, die Hugues de Baux, Markgraf von Marseille, um 1225 errichten ließ – die Anlage ist mitsamt ihrem 5800 ha großen Gelände in Privatbesitz. Zu Cassis gehören untrennbar die **Calanques** – obwohl die meisten Buchten auf dem Stadtgebiet von Marseille liegen (s. s. 69). Vom Hafenbecken startet eine ganze Flotte von Ausflugsbooten in die engen Felsbuchten. Am östlichen Ortsrand beginnt der Küstenwanderweg zu den Calanques.

### Infos

**Office de Tourisme:** Quai des Moulins, Tel. 08 92 25 98 92, www.ot-cassis.com.

**Anreise:** Mit dem Bus über den Gineste-Pass (NAP Tourisme, 40 Min., einfache Fahrt 2,70 €), Abfahrt Pl. Castellane, www.nap.tourisme.fr. Zug: ab Gare St-Charles (s. S. 73) bis Bahnhof Cassis (3 km außerhalb), von dort mit Zubringerbus Mo–Fr ins Zentrum (20 Min., einfache Fahrt 4,50 €, plus 1,50 € für den Bus), www.sncf-voyages.com.

## Côte Bleue ▶ Karte 3, A–C 1–3

Die Côte Bleue war einmal die Côte d'Azur der armen Leute. Mit der Bahn ging es von Marseille aus an den Küstenabschnitt westlich der Stadt. Jüngst hat die SNCF die Strecke saniert. Auf der knapp 20 km langen Fahrt schaut man aus dem einem Abteilfenster auf die Hügel der Chaîne de l'Estaque, aus dem gegenüberliegenden Fenster auf die Häfen **Carry-le-Rouet** und **Saussey-les-Pins** mit dem *grand bleu* des Mittelmeers dahinter. Die gelb-rosa-ockerfarbenen Häuschen am Wasser kosten heute ein Vermögen. Geblieben sind die kargen Strände, die kantigen Felsbuchten, die z. T. künstlich sind: Bis ins 19. Jh. wurde an der Côte Bleue der rosa schimmernde Kalkstein für Marseilles Prachtfassaden abgebaut.

Am ehesten erinnert noch **Le Carro** an alte Zeiten. Eine Stichstraße führt bis an den Fischerhafen, dessen Felsen in der Sonne gleißen. Surfer schätzen zudem den Wellengang rund um den Ort, dessen glasklare Gewässer wie die gesamte Côte Bleue zum ersten französischen Seeschutzpark zählen. Der **Fischmarkt** (außer bei Mistral tgl. am Hafen, 8.30–12 Uhr) lockt Kunden aus nah und fern an. Ein paar Stände sind am nackten Hafenbecken aufgebaut: Doraden, Rotbarben, Thunfisch, Seebarsch, Drachenkopf, Seeteufel gibt es hier, und Sardinen – Carro ist der zweitwichtigste Sardinenhafen Frankreichs. Von September bis April vervollständigen *oursins* (Seeigel) das Angebot, die Spezialiät der Côte Bleue schlechthin.

**Martigues,** die Hauptstadt des Küstenstreifens, liegt am Durchstich zwischen dem Binnensee Étang de Berre und dem Golf von Fos. Kanäle und Brücken verbinden die Viertel: das nobelbarocke Jonquières, das malerische ehemalige Fischerdorf L'Île sowie Ferrières, das Viertel der Olivenbauern und Salinenarbeiter.

### Infos

**Office de Tourisme:** Rond-Point de l'Hôtel de Ville, Tel. 04 42 42 31 10, www.martigues-tourisme.com.

Bilderbuchort par excellence: Cassis

**Zug:** Ab Gare St-Charles (s. S. 73), 10–14 Verbindungen tgl. mit dem Petit Train de la Côte Bleue.

## Aubagne ▶ Karte 3, H 4

In Aubagne rekrutiert die Fremdenlegion seit 1962 ihren Nachwuchs. Soldaten aus über 130 Nationen tragen das Képi blanc, das weiße Käppi der 1831 von Bürgerkönig Louis-Philippe gegründeten Légion étrangère. Das **Musée du Souvenir de la Légion d'Honneur** illustriert die Geschichte der Ehrenlegion (Quartier Viénot, Rte. de la Thuillère, Juni–Sept. tgl. 10–12, 15–19, sonst nur Mi, Sa, So 10–12, 14–18 Uhr).

Doch Aubagne steht vor allem für Töpferkunst, genauer gesagt für Santons (etliche Werkstätten mit Verkauf) und Terracottakübel, die hier seit 200 Jahren auf höchstem handwerklichen Niveau produziert werden. In Aubagne kam zudem Marcel Pagnol zur Welt, der das **Massif du Garlaban** im Norden der Stadt in Romanen wie »Das Schloss meiner Mutter« weltberühmt gemacht hat. Sein Geburtshaus ist heute Museum (16, cours Barthélemy, 9–12.30, 14.30–18 Uhr, zwei Wochen im Nov. und Feb. geschl.). Gezeigt wird auch ein Film, der die Drehorte aller Pagnol-Werke vorstellt. Pagnols Grab befindet sich westlich des Ortes im Weiler **La Treille.** Ansonsten verzaubert Aubagne mit einer malerischen Altstadt, zu der barocke Palais und Kapellen, ein Uhrturm und enge Gassen gehören.

### Infos

**Office de Tourisme:** Av. Antide Boyer, Tel. 04 42 03 49 98, www.oti-pays daubagne.com.
**Zug:** Etliche Verbindungen tgl. zwischen 6 und 23 Uhr ab Gare St-Charles (s. S. 73), Dauer 15 Min.

## Aix-en-Provence ▶ Karte 4

Aix-en-Provence ist der Laufsteg der Provence. Keine Flaniermeile der Provence kann es mit dem eleganten, von Brunnen unterbrochenen **Cours Mirabeau aufnehmen,** der wie ein überbreiter Laufsteg das städtische Leben bündelt. Platanen werfen Schatten auf die Dachziegel, die in Aix so rosa sind wie in der Toskana.

Im **Quartier Mazarin** südlich des Cours Mirabeau säumen Palais aus dem 17. Jh. das im Schachbrettmuster angelegte Viertel. Typisch für die Hôtels particuliers (Stadtpalais) von Aix sind Ehrenhof, repräsentatives Treppenhaus und möglichst aufwendig gestaltete Schaufassade. An der **Place des Quatre-Dauphins** schlägt das Herz des Quartiers. Vier Delfine zieren den 1667 in der Platzmitte aufgestellten Brunnen. Im Osten kontrastiert die gotische Kirche **St-Jean-de-Malte** (13. Jh.) mit der Barockarchitektur ringsum. Neben der Kirche steht eine 1671 begonnene Malteserkomturei, in der das **Musée Granet** u. a. acht Werke von Cézanne ausstellt (www.museegranet-aixenprovence.fr, Di–Sa 12–18 Uhr).

In der Altstadtkirche **Ste-Madeleine** wurde Cézanne getauft. Immer wieder fällt der Blick auf das bronzene ›C‹ des **Parcours Paul Cézanne** im Trottoir. Der ausgeschilderte Weg auf den Spuren des Impressionisten (geb. 1839 in Aix) folgt Cézanne von seinem Stammcafé Les Deux Garçons am Cours Mirabeau 53 in die Rue Boulegon 23, wo er 1906 gestorben ist, und zum **Jas de Bouffon,** wo er fast 40 Jahre gelebt hat. Etwa 2 km außerhalb des Stadtzentrums ließ Cézanne sich 1901 auf einem Hügel das **Atelier Les Lauves** bauen (9, rue Paul Cézanne, www.atelier-cezanne.com, April–Sept. Mi–Mo 10–12, 14.30–18, sonst bis 17

Uhr). Das Atelierhaus mit Blick auf die Montagne Ste-Victoire wirkt so, als ob der Maler es gerade verlassen hätte.

Nördlich des Cours Mirabeu markiert die Place Albertas den Beginn der Fußgängern vorbehaltenen Rue Espariat. In der Straße liegt das **Musée d'Histoire Naturelle** (www.museum-aix-en-provence.org, Mi–Mo 10–12, 13–17 Uhr). Gezeigt werden u. a. fossile Dinosauriereier von der Montagne Ste-Victoire; doch mindestens ebenso interessant ist der Bau selbst: Das monumentale, in Form eines ›U‹ errichtete Hôtel Boyer d'Eyguilles von 1672 trumpft im Treppenhaus mit einem schmiedeeisernen Barockgeländer auf. Die schmucke **Place Albertas** selbst erinnert an Pariser Platzensembles. Rund um das kieselsteingepflasterte Areal reihen sich dreigeschossige Fassaden mit ionischen Pilastern. Die Gassen der Altstadt überragt die **Tour de l'Horloge.** Den Turm (15. Jh.) ziert ein schmiedeeiserner Campanile. Gleich daneben liegt das **Hôtel de Ville.** Das Rathaus wurde, wie viele weitere Barockbauten von Aix, von Pierre Pavillon entworfen. Ein Brunnen mit römischer Säule in der Mitte ziert die Place de l'Hôtel de Ville. An den Dienstag, Donnerstag und Samstag während des Blumenmarktes bunt bestückten Platz schließt die **Halle aux Grains** an. Im Erdgeschoss der barocken Kornhalle sitzt heute die Post. Auf der Rückseite des Baus bietet die **Place Richelme** morgens ein umtriebiges Bild, wenn die Händler des Gemüsemarktes die Stände aufbauen.

Die **Rue Gaston de Saporta** ist die geschäftigste Gasse der Altstadt. Zwischen Boutiquen und Barockpalais taucht das **Musée du Vieil Aix** auf (www.aixenprovencetourism.com, Di–So 10–12, 14.30–18, im Winter nur bis 17 Uhr). Die Sammlung von Trachten, Santons und Mobiliar fand im 1650 erbauten Hôtel d'Estienne de St-Jean eine stilvolle Bleibe. Die Rue Gaston de Saporta mündet in die von Studenten bevölkerte Place de l'Université. Platzbestimmend aber bleibt die spätgotische **Kathedrale St-Sauveur** (10–12, 14–18 Uhr, So nur nachmittags). Hinter dem prachtvollen Portal verbirgt sich eine reiche Innenausstattung. Publikumsmagnet ist das 1467 vollendete »Triptychon des brennenden Dornbusch«, ein zentrales Werk der Avignoner Schule. Ältester Teil des Sakralbaus ist das frühchristliche Baptisterium (5. Jh.), dessen acht Säulen von antiken Bauten übernommen wurden. Nebenan wird im Hof des **Erzbischöflichen Palais** das Festival d'Art Lyrique, das international renommierte Opernfestival von Aix, veranstaltet. Das Erzbischöfliche Palais selbst dient als **Musée des Tapisseries** mit Gobelins aus Flandern und Nordfrankreich. Allein die Treppe im Innenhof und die barocken Appartements lohnen den Besuch (www.aixenprovencetourism.com, Mi–Mo 10–12, 14–18 Uhr).

Etwas außerhalb der Altstadt liegt der **Pavillon Vendôme** (32, rue Célony, Mi–Mo 10–12, 14–18, Winter bis 17 Uhr). Der 1664–1667 errichtete Bau gilt als gelungenstes Beispiel unter den Hôtels particuliers von Aix. Ionische, dorische, korinthische Pilaster zieren die Fassade. Atlanten stützen den Prachtbalkon der Beletage. Das noble Anwesen umgibt ein Park, der zu den stillsten Plätzen von Aix gehört (Zutritt frei).

**Infos**
**Office de Tourisme:** 2, pl. du Général de Gaulle, Tel. 04 42 16 11 61, www.aixenprovencetourism.com.
**Bus:** Tgl. mehrere Verbindungen ab Gare Routière hinter der Gare St-Charles, darunter Schnellbusse (navette rapide), www.lepilote.fr.

# Zu Gast in Marseille

Die Nacht ist lau und Notre-Dame-de-la-Garde immer im Blick – wer wollte da nicht in der Bar La Caravelle sitzen, am liebsten natürlich auf dem Balkon, von dem man zudem den gesamten Vieux Port überschaut. Die Mischung stimmt jedoch auch weiter hinten. Das seit Jahrzehnten bewährte Mobiliar bürgt für Patina und Atmosphäre, die junge Klientel für Schwung.

# Übernachten

## Hotelangebot

Das Angebot ist üppig und reicht von der Jugendherberge über die kleine Pension oder die durchdesignte Chambre d'hôte bis zum Luxushotel mit eigenem Bootsanleger. Apropos Hotel: Hotels werden in Frankreich nach Sternen (* bis *****) eingeteilt. Die Sterne spiegeln lediglich Komfortstandards wider. So verfügen Dreisternehäuser über Aufzug und ein Telefon im Zimmer, während bei Einsternehäusern die Ausstattung spartanisch ausfallen kann. Üblich sind Doppelbetten, heute seltener dagegen das klassische *grand lit* mit durchgehender Matratze.

## Frühstück außer Haus

Das Frühstück ist selten im Zimmerpreis inbegriffen und zählt bezüglich des Preis-Leistungs-Verhältnisses zu den teuersten Mahlzeiten des Tages (je nach Hotelkategorie 8–30 €). Tipp: Das Café um die Ecke suchen und dort den ersten Milchkaffee des Tages mit Croissant genießen – was obendrein günstiger als im Hotel kommt.

## Preisbewusst schlafen

Im Vergleich zu anderen Metropolen findet man in Marseille eine ganze Reihe empfehlenswerter Budget-Hotels. Es werden jedoch weniger, da die Hotelpreise infolge großer Nachfrage steigen und neue Hotelprojekte verstärkt im gehobeneren Segment verwirklicht werden. Eine Alternative sind die Chambres d'hôte, die französische Variante des B & B, zumal hier das (oft üppige) Frühstück bis auf Ausnahmen im Preis mitinbegriffen ist. Bei vielen Chambres d'hôte kann man nicht mit der Kreditkarte bezahlen.

## Vue sur mer

Neben zahlreichen Stadthotels verfügt Marseille in den südlichen Vierteln über eine Reihe von Häusern am Wasser. Es handelt sich jedoch nicht um eigentliche Strandhotels. Die meisten liegen an der Corniche, dem Uferboulevard, und haben Pools und Zimmer mit *vue sur mer*. Man logiert etwas abseits vom Schuss, dafür in Nähe der bewirtschafteten Stadtstrände und der naturbelassenen Buchten, den Calanques.

## Orientierung und Buchung

Jenseits der bequemen Buchung im Reisebüro können Sie im Internet das umfangreiche Hotelverzeichnis des Office de Tourisme nach Kategorien, Lage und Preisen der Häuser durchforsten. Alle einschlägigen Hotelführer bieten zudem im Internet ihre Dienste an, so etwa www.viamichelin.com oder www.gault-millau.com. Empfehlenswerte Hotelreservierungsdienste sind www.hrs.de oder www.frankreich-hotel.de.

Die meisten größeren Hotels bieten spezielle Wochenend- oder Saisontarife an. Auch aktuelle Tagespreise können interessant sein! Teuer wird es dagegen zu Messe- und Ferienzeiten.

# Günstig und nett

*Jugendherbergsschloss* – **Auberge de Jeunesse de Bois-Luzy:** ■ **K 4,** Château de Bois-Luzy, Allée des Prime-vères, Tel. 04 91 49 06 18, www.fuaj. org/marseille-bois-luzy, Metro: Malpassé (30 Min. Fußweg) oder Réformes-Canebière, weiter mit Buslinie 6 bis Marius-Richard oder 8 bis Bois-Luzy, Öffnungszeiten Mai–Sept. 7.30–23.30, sonst 7.30–12, 17–22.30 Uhr, DZ 34 €, Bett im Schlafsaal 16 € (max. 8 Pers.), ab der zweiten Übernachtung Ermäßigung. Die Jugendherberge in einem Second-Empire-Schloss von 1850 thront über dem ruhigen, grünen Stadtteil Montolivet, 5 km nordöstl. vom Stadtzentrum. Vom Hügel reicht der Blick bis auf die Reede von Marseille. Zur Anlage gehören Volleyball- und Basketball-feld, Fußball- und Tennisplatz. In der Nähe gibt es zudem einen 8 ha großen Park mit Boulepiste.

*Gayfriendly* – **B & B Romain Pascal:** ■ **G 9,** 33, rue Falque, Tel. 06 77 94 34 50 (Mobil), www.bnbromainpascal. com, Metro: Castellane, EZ/F 51–55 €, DZ/F 58–75 €, App. 75–110 €. Es begann mit einer gemütlichen Chambre d'hôte in der eigenen Wohnung und einem coolen Loft im selben Haus. Der Erfolg war so groß, dass Pascal Romain mittlerweile drei weitere, durchdesignte Chambres d'hôte in einem prachtvollen Haus um die Ecke und ein sehr stylisches Appartement in Hafennähe vermietet. Das B & B ist in der Gay-Szene sehr beliebt.

*Über den Dächern von Marseille* – **Chambres d'hôte Gilles et Pia Schaufelberger:** ■ **Karte 2, D 7,** 2, rue St-Laurent, Tel. 04 91 90 29 02, schaufel@wanadoo.fr, Metro: Vieux Port, DZ/F 65–70 €, keine Kreditkarten.

Zum Frühstück schwirren Möwen um den Balkon in der 14. Etage: Die drei schönen, geräumigen Zimmer mit grandiosem Panoramablick liegen in einem gepflegten 1950er-Jahre-Hochhaus am Fuß des Panier-Viertels. Die Chambre bleue und jaune werden nur gemeinsam vermietet, da sie ein Bad teilen. Mehr Aussicht auf den Panier, den Vieux Port geht nicht. Die Schaufelbergers sind zudem reizende Gastgeber.

*Belle-Époque-Charme* – **Hôtel du Palais:** ■ **F 8,** 26, rue Breteuil, Tel. 04 91 37 78 86, www.hotel-palais-marseille. com, Metro: Estrangin Préfecture, EZ/ DZ 82–112 €. Gediegenes Haus mit aufgefrischtem Charme der Belle Époque in einem gutbürgerlichen Viertel hinter der Préfecture. Die modernisierten Zimmer sind komfortabel und cosy, der Empfang ist zuvorkommend.

*Panier-Idylle* – **La Maison du Petit Canard:** ■ **Karte 2, D 6,** 2, impasse Ste-Françoise, Tel. 04 91 91 40 31, http:// maison.petit.canard.free.fr, Metro: Sadi Carnot, DZ/F 55 €, Ferienwohnung für 4 Pers. 380 €/Woche. Freunde nennt Hausherr Youssef »mon petit Canard« (meine kleine Ente) – womit der Name des B & B im Herzen des Altstadthügels Le Panier erklärt wäre. Die Zimmer in den Farben des Südens sind schlicht, aber gemütlich. Außer den Chambres d'hôte vermieten Youssef und seine deutsche Frau Steffi auch Ferienwohnungen *(gîtes)* für Selbstversorger.

*Monument der Moderne* – **Le Corbusier:** ■ **Karte 3, D 5,** La Cité Radieuse, 280, bd. Michelet, Tel. 04 91 16 78 00, www.hotellecorbusier.com, Metro: Rond-Point du Prado, EZ/DZ/App. 63–120 €. Wohnen als Designerlebnis, im dritten Stock eines Avantgardebaus des Stararchiketen Le Corbusier. Die kleinen Zimmer oder Studios mit Küchenzeile sind puristisch und original möbliert, die schönsten haben Seeblick. Zum Meer ist es nicht weit, in die Stadt schon eher.

*Gartenglück* – **Le Petit Jardin:** ■ **D 10,** 136, chemin Vallon de l'Oriol, Tel. 04 91 52 69 65, www.petitjardin.eu, Bus: 61 ab Canebière-Bourse bis Bompard oder 83 ab Vieux Port bis Vallon d'Oriol, EZ/DZ/F 85–95 €. Treppen, Stiegen und verschwiegene Gärten sind die Wahrzeichen des hübschen Villenviertels im Schatten von Notre-Dame-de-la-Garde. Mittendrin versteckt sich die Villa, in der Monsieur Luzzi zwei sehr unterschiedliche Zimmer vermietet. Die ›Chambre Afrique‹ ist mit afrikanischen Masken und Mobiliar dem schwarzen Kontinent gewidmet. Die bodentiefen Fenster gehen auf den verwunschenen Garten hinaus. Ein Hauch Zen schwebt über der ›Chambre Asie‹, deren Bad aus dem Fels des Vallon de l'Oriol geschlagen wurde.

*Second-Empire-Koloss* – **Saint-Louis:** ■ **Karte 2, F 7,** 2, rue des Récollettes, Tel. 04 91 54 02 74, www.hotel-st-louis. com, Metro: Vieux Port, EZ 65–70 €, DZ 67–90 €. Der Second-Empire-Koloss fällt mit Schnörkelbalkonen an der lachsroten Fassade angenehm in den Einkaufsstraßen südlich der Canebière auf. Die Zimmer wurden im nüchtern-provenzalischen Stil renoviert, z. T. mit Himmelbetten. Im lichten Frühstückssalon beginnt der Tag sonnig, die junge Equipe sorgt für gute Laune.

*Hôtel de charme für Backpacker* – **Vertigo:** ■ **Karte 2, F 6,** 42, rue des Petites Maries, Tel. 04 91 91 07 11, www.hotelvertigo.fr, Metro: St-Charles, EZ/DZ 55–70 €, Mehrbettzimmer 25 €/

Pers. Unterkunft für Backpacker des 21. Jh. und jung gebliebene Reisende im von Nordafrikanern geprägten Belsunce-Viertel. Motto: cheap and chic. Die klaren Zimmer sind in Schockfarben gehalten, mit Fundstücken und Filmrequisiten möbliert – die drei Besitzer haben früher Filme ausgestattet. Besonders reizvoll ist Zimmer A 41, das eine Terrasse hat, auf der man über der Stadt zu schweben scheint. Auch nicht schlecht sind die beiden *cabanons* im Hof, die architektonisch und bei der Einrichtung an Strandhäuser erinnern. Dazu gibt es für Budget-Reisende Vier- bis Sechsbettzimmer mit Stockbetten.

*Mediterran* – **Villa Monticelli:** ■ **F/G 10,** 96, rue du Commandant Rolland, Tel. 04 91 22 15 20, www.villa monticelli.com, Metro: Rond-Point du Prado, DZ/F 79–97 €. Die fünf mediterran eingerichteten Zimmer befinden sich in einer italienisch anmutenden Villa, umgeben von weiteren, prachtvollen Villen im Bäderstil des 19. Jh. Küchenbenutzung, ein kleiner Garten und das auf der Terrasse servierte Frühstück verführen zum Bleiben. Der Clou: Zum Borély-Strand sind es nur ein paar Fußminuten.

## Stilvoll wohnen

*Szenetreffpunkt* – **Belle-Vue:** ■ **Karte 2, E 7,** 34, quai du Port, Tel. 04 96 17 05 40, www.hotel-bellevue.fr, Metro: Vieux Port, EZ 84–125 €, DZ 125–135 €. Die Preise im 1938 eröffneten Hotel sind angesichts des gebotenen Komforts etwas überhöht, doch Lage und Charme des Hauses überzeugen vor allem eine junge, trendige, dabei retro-verliebte Klientel. Morgens frühstückt man auf dem Balkon oder im Salon mit Blick auf den Hafen.

**High-End-Design – Casa Honoré:** ■
**Karte 2, E 8,** 123, rue Sainte, Tel. 04
96 11 01 62 und 06 09 50 38 52 (mobil), www.casahonore.com, Metro: Vieux
Port, DZ/F ab 150 €, Mindestaufenthalt
zwei Nächte. Die vier luxuriösen
Chambres d'hôte in einer ehemaligen
Druckerei gruppieren sich um einen
Patio mit Palme und Pool. Loftchic gepaart mit einem Schuss Movidà – so
könnte das Konzept lauten. Im Erdgeschoss sorgt perlgrauer Glattbeton,
auf der Etage schwarzer Natursteinboden für Coolness. In den Zimmern
wechseln Designobjekte der 1970er-Jahre und aktuelle Entwürfe der Besitzerin und Designerin Annick Lestrohan. *Très trendy …*

**Orientalische Nächte – Le Ryad:** ■
**Karte 2, G 7,** 16, rue Sénac, Tel. 04 91
47 74 54, www.leryad.fr, Metro: Noailles, EZ 75–100 €, DZ 95–120 €. Der
stattliche Bau in einer etwas schlüpfrigen Seitenstraße der Canebière entführt ins den Orient. Hinter dem Second-Empire-Portal überrascht das Interieur
wie aus einem marokkanischen Stadtpalais: Bäder mit Waschbecken aus gehämmertem Messing, ein Diwan zum
Lümmeln, saharabeige Wände. Hinzu
kommt ein lauschiger Brunnenhof. Mit
Table d'hôte (Do–Sa auf Reservierung,
marokkanische Küche) und Salon de
Thé (14–18 Uhr).

**Marseiller Design – New Hotel of
Marseille:** ■ **D 8,** 71, bd. Charles Livon, Tel. 04 91 31 53 15, www.newho
telofmarseille.com, Bus: 83 ab Vieux
Port, Haltestelle Jardin du Pharo, DZ
215–260 €. Die Rezeption befindet sich
im Pavillon (19. Jh.) des ehemaligen
Institut Pasteur. Dahinter erhebt sich ein
Neubauriegel mit puristischen Designzimmern, entworfen von Marseiller
Künstlern. Die Zimmer im vierten Stock

haben eine Terrasse zum Vieux Port! In
der coolen Brasserie Victor Café schaut
Popikone Twiggy von der Wand (schnörkellose Mittelmeerküche, Menü 25–
40 €).

**Luxusdampfer – Pullman Palm
Beach:** ■ **Karte 3, D 5,** 200, corniche Kennedy, Tel. 04 91 16 19 00,
www.accorhotels.com, Bus: 83 ab
Vieux Port, Haltestelle Roucas Blanc,
DZ 180–350 €. Hinter dem gläsernen
Rezeptionspavillon liegt das Hotel wie
ein stylisher Luxusdampfer vor der hoteleigenen Marina. Von den klar gestylten Zimmern geht der Blick auf die
Frioul-Inseln und das Château d'If.
Weitere nennenswerte Pluspunkte
sind der Wellnessbereich und der Pool.

**Schwungvolles Foyer – Radisson
SAS:** ■ **Karte 2, D 8,** 38–40, quai Rive Neuve, Tel. 04 88 92 19 50, www.
marseille.radissonsas.com, Metro: Vieux
Port, DZ 180–495 €. Der Neubau am
Hafenkai trumpft mit 189 Luxus-Designzimmern auf, die entweder in afrikanischem Blau oder provenzalischen
Ockertönen gehalten sind. Ein Raumwunder ist das weitläufige, schwungvoll gestaltete Foyer. Vom Pool schaut
man auf die Basilika St-Victor und den
Vieux Port.

**Seventies reloaded – Tonic Hotel:** ■
**Karte 2, E 7,** 43, quai des Belges, Tel.
04 91 55 67 46, www.tonichotel.com,
Metro: Vieux Port, EZ 158–205 €, DZ
255–298 €. Die zwölf Zimmer zum
Vieux Port sind die geräumigsten; mit
Stilzitaten aus den 1970er-Jahren renoviert wurden jedoch alle 56. Das Hotel
kommt jetzt dezidiert zeitgenössisch
daher, mit Flachbildschirmen und klaren
Linien in den Zimmern sowie Sprudelwannen in den Bädern. Tolle Frühstücksterrasse zum Hafen.

# Essen und Trinken

## Ein Tisch für jeden Geschmack und Geldbeutel

Marseilles gastronomisches Angebot ist breit gefächert. Man hat die Wahl zwischen dem kleinen Bistro um die Ecke und dem *grand restaurant* – wo man mit jedem weiteren Michelin-Stern tiefer ins Portemonnaie greifen muss –, dazwischen gibt es eine Vielzahl weiterer Möglichkeiten. **Café** oder **Bar** bedeutet so viel wie Kneipe. Für den Hunger zwischendurch gibt es ein Sandwich, eine Pizza, einen Salat. Für *petits fours* und Kuchen geht man hingegen in einen **Salon de Thé.** Ab etwa 19.30 Uhr schlägt die Stunde für das **Restaurant.** Entweder wählt man zwischen den vom Haus zusammengestellten Menüs oder man speist teurer à la carte.

Weniger streng an Mittags- und Abendzeiten halten sich **Brasserien:** Das Konzept heißt ›durchgehend warme Küche‹, auch zu später Stunde. Unter **Bistro** verstand man früher einfache Restaurants, in denen man unkompliziert und flott etwas essen konnte. Der Begriff hat einen enormen Bedeutungswandel durchlaufen. Michelin-Stern und Bistro schließen sich schon lange nicht mehr aus. Geblieben ist der im Gegensatz zum Restaurant weniger offizielle Rahmen – die Preise allerdings sind angeglichen. Immer größerer Beliebtheit erfreut sich die **Bar à vin.** Zwar stehen Weine hier im Vordergrund (viele werden glasweise angeboten), doch eine kleine Speisekarte gehört immer dazu.

## Reservierung

Der Samstagabend und der Sonntagmittag sind in Frankreich für ein Essen außer Haus beliebt – entsprechend groß ist der Andrang. Viele Restaurants schließen nach dem Ansturm sonntagabends und montags. Den Tisch zu reservieren, empfiehlt sich fast immer. Wo ein Michelin-Stern prangt, sollte man niemals auf gut Glück vorbeischauen, sonst heißt es schnell *complet* – kein Platz mehr frei.

## Preisniveau

Generell gilt: Mittags speist man günstiger als abends. Auch feinere Adressen locken zum *déjeuner* mit einem Menü zu kleinem Preis *(menu de la semaine*, um 20 €)*, wobei sich das Angebot auf Montag bis Freitag beschränkt. Viele Restaurants, Cafés oder Bistros bieten mittags zudem ein günstiges Tagesgericht *(plat du jour)* oder eine attraktive *formule* an (Vorspeise plus Hauptgang oder Hauptgang plus Dessert, evtl. noch mit Kaffee und/oder einem Glas Wein). Das Tagesgericht oder die *formule* kosten zwischen 12 und 20 €.

Abends steigen die Preise. Um die 25–30 € sollte man für ein Menü (pro Person, ohne Getränke) im Restaurant kalkulieren. Entschließt man sich für ein Spitzenrestaurant, liegen die Preise im Mittelfeld bei 40–60 €. Kommt ein Michelin-Stern hinzu, beginnt das Vergnügen nicht unter 60 €, bei drei Sternen nicht unter 100 €.

## Hiesige Spezialitäten

Olivenöl, Fisch und Meeresfrüchte sind die Hauptbestandteile der hiesigen Küche – vereint sind sie in der Bouillabaisse, ›der‹ Marseiller Spezialität: fünf bis sechs verschiedene Fischarten, je nach Rezept Muscheln, Seespinne oder *étrilles*, kleine rote Krebse. Dazu serviert man geröstetes Brot und *rouille*, eine scharfe Sauce auf Peperonibasis, oder *aïoli*, eine Knoblauchmayonnaise. Eine gute Bouillabaisse kostet ab 50 € aufwärts. Weitere Fischspezialitäten sind gegrillte Dorade, *loup au fenouil* (Seebarsch mit Fenchel) oder *supions*, kleine, in Mehl gerollte und frittierte Tintenfische. Auch *petites fritures*, winzige Fischchen, werden als Ganzes frittiert. Bei der *brandade de morue* handelt es sich um (Kabeljau-)Stockfisch.

Sommertags erfrischt die *soupe au pistou*, eine Gemüsesuppe mit Knoblauch und Basilikum. Leicht und sommerlich ist auch eine *anchoiade:* Zur Anchovi-Olivenöl-Paste wird knackig frisches Gemüse zum Eindippen serviert. Italienische Einwanderer haben die Pizza mit nach Marseille gebracht. Mit den nordafrikanischen Einwanderern fanden Tajine, Taboulé und Couscous ihren Weg in die Lokalküche.

## Restaurantmeilen

Ob mit Blick auf den Hafen oder auf das Meer, ob in historischen Gemäuern oder im szenigen Ambiente: Die kulinarischen Nabelpunkte der Stadt sind bunt gefächert. Die folgenden Straßen, Kais und Ufermeilen bieten eine besonders dichte Restaurantauswahl:

**Cours d'Estienne d'Orves:** ▶ Karte 2, E 8
**Cours Julien:** ▶ F/G 7
**Quai du Port:** ▶ D/E 7
**Espace Borély:** ▶ Karte 3, D 5

# Cafés und Frühstück

*Literaturcafé* – **Cup of Tea:** ■ Karte 2, E 7, 1, rue Caisserie, Tel. 04 91 90 84 02, Straßenbahn: Sadi Carnot, Mo–Fr 8.30–19, Sa 9–19, So 13–19 Uhr, Formule 6 €, à la carte 12 €. Über 40 verschiedene Tees stehen auf der Karte, außerdem salzige und süße Tartes sowie Salate. Dazu kann man ein Buch erwerben: vor allem Bände der anspruchsvollen Verlage Actes du Sud und Parenthèses bilden den Grundstock der nebenbei betriebenen Librairie.

*Afterparty-Brunch* – **Le Greenwich:** ■ **Karte 3, D 5,** Escale Borély, 142, av. Pierre Mendès-France, Tel. 04 91 22 67 92, Bus: 83, Haltestelle Borély, tgl. 8–2 Uhr, Frühstück 7–15 €. Die Adresse für all die, die aus den Klubs und Discos längs der Uferstraße in den Tag entlassen werden. Üppige Frühstücks-Formules mit Eiern und Speck sowie Blick aufs Meer.

*Die ganze Welt des Kaffees* – **Maison Debout:** ■ Karte 2, F 7, 46, rue François Daviso, Tel. 04 91 33 00 12, www.cafesdebout.com, Metro: Noailles, Mo–Sa 8.30–19.30 Uhr, Tartes ab 2,50 €. Seit über 70 Jahren werden Kaffeesäcke durch das Traditionslokal geschleppt, vom Moka Harar über jamaikanischen Blue Mountain bis Porto Rico Yauco. Verkauft werden 20 verschiedene Sorten. Lecker dazu vor Ort: Zitronenkuchen, *tarte au chocolat* oder ein *financier* (Eischaumtorte mit Kirschwasser und Bittermandelöl).

*Die besten Croissants* – **Le Pain Quotidien:** ■ Karte 2, E 7, 18, pl. aux Huiles, Tel. 04 91 33 55 00, Metro: Vieux Port, Di–Sa 7.30–22.30, So, Mo 7.30–17 Uhr, Salate ab 8 €, Tartes ab 4,50 €. Die belgische Erfolgskette bietet an langen Holztischen eines der besten Brunch-(Sa, Sa) und Frühstückbuffets (tgl.) der Stadt an. Unerreicht: die Croissants!

*Unschlagbare Lage* – **Bar de la Samaritaine:** ■ **Karte 2, E 7,** s. S. 36.

*Nobel* – **Victor Café:** ■ **D 8,** 71, bd. Charles Livon, Tel. 04 91 31 53 15, www.victorcafemarseille.com, Bus: 83, Haltestelle Jardin du Pharo, So, Fei ab 11 Uhr, Brunch 29 €. Das hyperelegante Restaurant im Designhotel New Hotel of Marseille (s. S. 89) ist die zugleich coolste und teuerste Möglichkeit zu brunchen.

# Gourmet-Lokale

*Klein und fein* – **Le Café des Épices:** ■ **Karte 2, E 7,** 4, rue Lacydon, Tel. 04 91 91 22 69, www.cafedesepices.com, Metro: Vieux Port, Sa abends, So, Mo geschl., Formule 21–24 €, Menü 27–42 €. Im lichten Saal gibt es ganze 20 Plätze, dazu bei schönem Wetter noch ein gutes Dutzend auf der Terrasse – man sollte unbedingt reservieren. Küchenchef Arnaud de Grammont gilt als einer der talentiertesten seiner Generation. Wachtelsalat mit Sesam und gegrillten Auberginen, Steinpilz-Cappuccino, Risotto mit Herzmuscheln und Kaninchenragout mit Anchovis lassen daran keinen Zweifel.

*Dem Mittelmeer verpflichtet* – **L'Épuisette:** ■ **B 9,** Vallon des Auffes, Tel. 04 91 52 17 82, www.l-epuisette.com, Bus: 83, Haltestelle Vallon des Auffes, Di–Sa (Anfang Aug.–Anfang Sept. geschl.), Menü 52–110 €. Kühn hängt das Restaurant über dem Fels am Ausgang Vallon des Auffes. Vor den Fenstern gleißt das Mittelmeer. Die Lage verpflichtet: Zu den Rezepten, die

Chef de cuisine Guillaume Sorrieu einen Michelin-Stern beschert haben, zählen mit Schwein gefüllter Petersfisch und Trüffelkartoffeln, Rotbarbenfilets mit Balsamico-Essig und Bouillabaisse.

*Trendsetter* – **Le Moment:** ■ **Karte 2, E 6,** 5, pl. Sadi Carnot, Tel. 04 91 52 47 49, www.lemoment-marseille.com, Straßenbahn: Sadi Carnot, Di–Sa (Di abends geschl.), Formule 19 €, Menü 25 € (beides nur mittags), Menü sonst 45/55/65 €. Christian Ernst gilt als einer der begabtesten Erneuerer an Marseilles Herden. Sein ultraschickes Restaurant begeistert mit einem farbenfrohen, dabei puristischen Interieur. Das Wichtigste bleibt jedoch die Küche, die mit Jungente mit Kumquats oder *pot-au-feu* mit *foie gras* mehr als überzeugt. Neben dem Restaurant hat der Chef de cuisine den **Gourmet-Takeaway Pause** eröffnet: Hamburger mit *foie gras* und roten Früchten, Panini, Salate (ab 1,60 €), eine *formule* (Tagesangebot ab 8,50 €) gibt's zu verlockend niedrigen Preisen. Tipp: thematische Kochkurse und Weinseminare (s. Website).

*Schöne Aussicht* – **Péron:** ■ **B 8,** 56, corniche Kennedy, Tel. 04 91 52 15 22, www.restaurant-peron.com, Bus: 83, Haltestelle Anse des Catalans, Nov.–Mitte April So abends, Mo geschl., Menü 58–70 €. Von der Reling der Terrasse schweift der Blick auf die Frioul-Inseln und das Château d'If. Stahl und Holz bestimmen das moderne, von einem Ozeandampfer inspirierte Interieur. Die Karte bleibt der Provence treu: Gambas aus der Pfanne mit Tandoori-Reis, Fenchel-Crumble und Rettich-Chips, Lammnüsschen mit Tapenadekruste sind einen Michelin-Stern wert.

*Hochdekorierter Klassiker* – **Le Petit Nice:** ■ **B 10,** 160, corniche Kennedy,

**In den Topf geschaut: Erlesene Zutaten für die heimische Bouillabaisse**

Tel. 04 91 59 25 92, www.petitnice-passedat.com, Bus: 83, Haltestelle Anse de Maldormé, Juli–Aug. Mo mittags geschl., Menü 65 € (Mo–Fr mittags), sonst 110 € und 200 €. Seit 1917 kochen die Passédat in der ehemaligen Villa an der Corniche, und das auf allerhöchstem Niveau, wie die drei Michelin-Sterne zeigen. Legendär ist die Seebarschschnitte nach Art der seligen Lucie Passédat. Den dritten Stern eroberte Gérald Passédat, Enkel des Restaurantgründers, mit Seeanemonenkrapfen in schaumiger Kaviarmilch und einer Bouillabaisse, die in Menüabfolge serviert wird.

*Ducasse-Schüler* – **Une Table au Sud:** ■ **Karte 2, E 7,** 2, quai du Port, Tel. 04 91 90 63 53, www.unetableausud.com, Metro: Vieux Port, Di–Sa, Menü 38 € (Mo–Fr mittags), 55 € oder 107 € inkl. Getränke. Mit dem eleganten Restaurant von Lionel Levy, der bei Großkoch Alain Ducasse in die Lehre gegangen ist, betritt man eine *grande table.* Für Möhrencassoulet in Safransauce, Crumble vom *loup de mer* mit Ingwer und Zitrusfrüchten gab es einen Michelin-Stern. Auch die Aussicht stimmt: Von den Tischen in der ersten Etage eines Belle-Époque-Eckbaus schaut man über den Hafen.

## Gut und günstig

*Bodenständig* – **Brasserie de l'Alcazar:** ■ **Karte 2, F 6,** 2, pl. Frédéric Mireur, Tel. 04 91 91 80 88, Straßenbahn: Belsunce Alcazar, Mo–Sa 7–20 Uhr, Tagesgericht 9,50 €, Formule 13 €, à la carte um 20 €. Moderne Brasserie im quirligen Belsunce-Viertel, mit Terrasse und Blick auf die neue Stadtbibliothek. Die Küche ist einfach: Nudelgerichte, Pizzen, *steak frites.* Nachmittags Kaffee und Kuchen.

## Essen und Trinken

*Immer gut besucht –* **Brasserie du Passage:** ■ **Karte 2, F 7/8,** 27, rue Françis Daviso, Tel. 04 91 04 07 57, Metro: Noailles, tgl. 8.30–19.30 Uhr, Formule 10–12 €, à la carte um 22 €. Der große, lärmende Saal füllt sich zu Mittag bis auf den letzten Platz. Auf der Karte stehen üppige Salate, Nudelgerichte, Hähnchenschenkel mit Steinpilzen oder Lamm-Tajine.

*Aussicht gratis –* **La Buvette du Chalet:** ■ **C/D 7,** Jardin du Pharo, Tel. 04 91 52 80 11, Bus 83, Haltestelle Jardin du Pharo, April, Sept., Okt. nur mittags, Mai–Aug. auch abends geöffnet, Tagesgericht um 12 €. Einfaches Lokal mit Plastiktischen und -stühlen im Pharo-Park. Man sitzt unter Bäumen am Wasser und isst *steak frites* oder einen Salat. Die Aussicht auf den Hafen und das St-Jean-Fort gibt's gratis dazu.

*Nur frische Zutaten –* **Ca Blanca:** ■ **G 7,** 53, rue Saint Pierre, Tel. 04 91 48 68 23, Metro: Notre-Dame-du-Mont, Di–Sa, Formule (mittags) 12–20 €, abends à la carte um 32 €. Jeremie Ducrot kocht ausschließlich frisch, etwa Entenbrust-Carpaccio mit Birne oder Seeteufelfrikassee mit Parmaschinken. Der herrliche Garten ist ein Hafen der Stille.

*Korsische Feinkost –* **Era Tempu:** ■ **Karte 2, E 8,** 70, rue Sainte, Tel. 04 91 33 45 59, Metro: Vieux Port, Mo–Sa 9–2 Uhr, Tellergerichte 9–20 €. Korsischer Feinkostladen und Probierstube in einem. Kaufen kann man *foie gras* mit Feigen, *figatelli* (korsische Wurstspezialität aus Schweineleber), Wein, Kastanienmehl – alles made in Corse. Schöner ist es noch, sich mittags für einen Snack auf den knallgrünen Gartenstühlen oder dem cremefarbenen 1970er-Jahre-Sofa zu lümmeln.

*Ferienstimmung –* **La Marine des Goudes:** ■ **Karte 3, C 6,** 16, rue Désiré Pelleprat (ca. 8 km südl. der Innenstadt), Tel. 04 91 25 28 76, www.restaurant-marseille.net, Bus: 20 ab Metro Castellane und 19 ab La Madrague de Montredon, Mi, So, Mo nur mittags, Do–Sa auch abends geöffnet, Di geschl., Menü ab 27 €. Hafenrestaurant in der Calanque des Goudes. Vor der Terrasse gleißt das Meer, auf der Karte stehen Fisch und Meeresfrüchte, etwa *petites fritures* oder Seeteufel mit Curryreis.

*Nearly 24 hours –* **Snack O'Stop:** ■ **Karte 2, F 7,** 16, rue Saint-Saëns, Tel. 04 91 33 85 94, Metro: Vieux Port, tgl. durchgehend bis auf eine Ruhestunde von ca. 5–6 Uhr, Speisen von 11–5 Uhr, à la carte 15 €. Provenzalische Hausmannskost, Sandwiches und Nudelgerichte. Nachtschwärmer, Besucher der nahen Oper, kleine Angestellte und Studenten zählen zur Stammklientel.

*Sterne-Ableger –* **La Virgule:** ■ **Karte 2, E 7,** 27, rue de la Loge, Tel. 04 91 90 91 11, www.lavirgule.marseille.free.fr, Metro: Vieux Port, Di–Sa, Menü ab 22 €, à la carte um 40 €. Trendiges Bistro von Sternekoch Lionel Lévy (Une Table au Sud, s. S. 93), nur einen Steinwurf vom Hauptrestaurant am Vieux Port entfernt. Crumble mit Chorizo und Tintenfisch verraten des Meisters Handschrift.

## Szene und Ambiente

*Paris-Marseille –* **Café Parisien:** ■ **Karte 2, E 6,** 1, pl. Sadi Carnot, Tel. 04 91 90 05 77, Straßenbahn: Sadi Carnot, Mo–Sa, Menü 15 €, à la carte 30 €. Ein Stück Paris am Mittelmeer: Da wären zunächst der immens lange, mit Stuck verzierte Saal, die roten Vorhänge, die

Brasserieküche (Kalbsschnitzel mit Roquefort, Artischockenrisotto). Marseiller Zutaten: eine Boulepiste, ein Weinkeller und ein Zigarrenklub im Untergeschoss. An der Bar wird Jazz gespielt, und nachmittags gibt's Kuchen. Donnerstags bis samstags ›Before-Events‹ (Aperitif- und Cocktailstunde, bevor es weiter ins Nachtleben geht).

*Ungewöhnliches Konzept* – **Café Populaire:** ■ F 8, 110, rue Paradis, Tel. 04 91 02 53 96, Metro: Estrangin-Préfecture, Di 9–15, Mi–Fr 9–22.30, Sa 12–23 Uhr, à la carte 20–30 €. André Gas, Schmuckdesigner und Parfumeur (Gas), hat neben seinem Laden ein Café der neuen Art eröffnet. Vorn über der coolen Theke baumeln spanische Pata-Negra-Schinken, hinten unter dem Glasdach einer ehemaligen Werkstatt geht es ungezwungen zu. Man wählt zwischen Tagesgericht, einem Teller Manchego-Käse oder Gambas. Gute Frühstückskarte, nachmittags Salon de Thé, an der Bar gibt's Cocktails.

*Stylisch* – **Le Cirque:** ■ Karte 2, E 7, 118, quai du Port, Tel. 04 91 91 08 91, Metro: Vieux Port, Mo–Sa, Formule um 20 €, Menü 35–55 €. Der stylishe Tisch am Vieux Port verfügt über eine Terrasse mit Blick auf den Kai und Notre-Dame-de-la-Garde, was in Marseille bereits die halbe Miete ist. Für den Rest sorgen der exzellente Service und perfekt zubereitete Gerichte wie schwarze Pasta in Seiche-Sauce oder Rinderfilet vom Grill mit Kartoffel-Olivenölpüree.

*Coole Austernbar* – **L'Estey:** ■ Karte 2, G 8, 13, pl. Notre-Dame-du-Mont, Tel. 04 91 42 10 10, www.l-estey-bar-a-huitres.com, Metro: Notre-Dame-du-Mont, Di–So 12–15, 18–2 Uhr, à la carte 26–40 €. In der coolen Bar schimmert das Licht blau wie die See, womit

der Ton vorgegeben wäre. Es gibt Austern aus allen wichtigen Zuchtgebieten, Sashimi, Meeresfrüchte und Hummer aus dem Becken. Im Sommer breitet sich die Bar dank Terrasse auf den Platz aus.

*Ungezwungen* – **Honoré:** ■ Karte 2, E 8, 121, rue Sainte, Tel. 04 91 33 08 34, Metro: Vieux Port, Di–Fr mittags, Sa abends, à la carte 25–30 €. Édourad Giribone hat im Designladen seiner Mutter ein ungewöhnliches Restaurant eröffnet. Man sitzt zwischen den Entwürfen von Lampen und Kleinmöbeln in einem weiten, loftartigen Saal und genießt Ricotta-Lasagne oder marinierte Anchovis. Lockere Atmosphäre.

*Entschieden zeitgenössisch* – **La Karbonade:** ■ Karte 2, D 8, 42, quai de Rive-Neuve, Tel. 04 91 55 02 27, Metro: Vieux Port, tgl., Menü 30–45 €. Puristischer Saal, dessen Wandbänke mit knallbuntem Blockstreifentuch bezogen sind. Köstlich unter den Vorspeisen: Tintenfisch mit Pistou und eingelegten Paprikastreifen.

*Klubatmosphäre* – **La Table du Fort:** ■ Karte 2, E 8, 8, rue Fort Notre-Dame, Tel. 04 91 33 97 65, Metro: Vieux Port, Mo–Sa abends, Menü 32 €. Veloursfauteuils und das gedämpfte Licht lassen an einen Klub denken, die Öffnungszeiten ebenfalls: Freitags und samstags kann bis 1 Uhr, sonst bis 23 Uhr bestellt werden. Tipp: Tagliatelle mit gegrillten Jakobsmuscheln!

*Architekturerlebnis* – **Le Ventre de l'Architecte:** ■ Karte 3, D 5, La Cité Radieuse, 280, bd. Michelet, Metro: Rond-Point du Prado, Tel. 04 91 16 78 23 oder 06 65 62 48 16 (mobil), Di–Sa (erste 3 Aug.-Wochen geschl.), Formule 24–40 €, à la carte um 50 €. Das größtenteils original erhaltene Restaurant befindet sich im dritten Stock von Le Corbusiers Cité Radieuse. Chef de cuisine Jeremy Bigou hat sein Handwerk bei den Sterneköchen Marseilles gelernt. Die hohe Schule macht sich beim Steinbutt mit *boudin noir* (Blutwurst) oder beim Jakobsmuschelspießchen mit Karotten bemerkbar. Vom Tisch schweift der Blick über Möbeldesignklassiker, vom Balkon fliegt er aufs Mittelmeer.

## Typisch Marseille

*Speisen zwischen Büchern* – **Les Arcenaulx:** ■ **Karte 2, E 8,** s. S. 39.

*Beim Metzger* – **Le Boucher:** ■ **G 8/9,** 10, rue du Village, Tel. 04 91 48 79 65, Metro: Castellane, Di–Sa (Fei und Aug. geschl.), Formule 13–15 €, Menü 26–35 €. Alain Langhiani ist Metzger und wurde zum Gastronom aus Berufung. Entrecôtes, Tartar und Filets sind von allererster Qualität. Im Winter gibt es zudem Wild. Ein Lob noch der Tarte Tatin, die das Menü abrundet.

*Turbulent* – **Chez Angèle:** ■ **Karte 2, D 7,** 50, rue Caisserie, Tel. 04 91 90 63 35, Metro: Vieux Port, Sa abends, So mittags geschl., Menü 21 €. Immer voll, immer turbulent, und der Service neigt zur Hektik. Aber die Pizza ist knusprig, der Tintenfischsalat frisch, die mit Parmesan überbackene Aubergine lecker.

*In Ehren gealtert* – **Chez Vincent:** ■ **Karte 2, F 7,** 25, rue Glandèves, Tel. 04 91 33 96 78, Metro: Vieux Port, Di–So (Aug. geschl.), Tellergericht ab 9 €, à la carte 20–30 €. Madame Rosa, die hochbetagte Besitzerin, führt die Pizzeria seit 1946. Das Interieur ist mit ihr gealtert, nicht so die Klientel, die mittags oder nach dem Opernbesuch hereinschneit.

Neben den Pizzas munden Canneloni, Lasagne, aber auch provenzalische Klassiker wie die *soupe au pistou.*

*Ein Hauch echtes Marseille* – **Etienne:** ■ **Karte 2, E 6,** 43, rue de Lorette, kein Tel., Metro: Vieux Port, Mo–Sa, à la carte 25 €, keine Kreditkarten! Gelbe Karofensterscheiben, die Deckenverkleidung aus Resopal, Tische im Provence-Rustikal-Stil – so viel zum Ambiente. Draußen vor der Tür steht man brav Schlange, denn erstens sind Pizzas, *pieds et paquets* (Schafsfüße und gefüllte Kaldaunen) und *supions frits* (frittierte Tintenfische) schmackhaft, zweitens stimmt die Stimmung. Mehr echtes Marseille geht nicht.

*Nachtmahl* – **Le Mas de Lulli:** ■ **Karte 2, F 8,** 4, rue Lulli, Tel. 04 91 33 35 90, Metro: Vieux Port, tgl. 12–16, 20–6 Uhr, à la carte 30 €. Bei Tisch: Szene, Opernensemble und Rotlichtmilieu. An den Wänden Schwarz-Weiß-Fotos ehemaliger Kino- und Chansongrößen, die zu Gast waren. Scholle oder Lasagne mit Meeresfrüchten schmecken auch morgens um 4 Uhr.

*Die beste Bouillabaisse der Stadt* – **Miramar:** ■ **Karte 2, E 7,** 12, quai du Port, Tel. 04 91 91 10 40, Metro: Vieux Port, Di–Sa, à la carte 56–95 €. Für viele ist die Bouillabaisse von Christian Buffa die beste der Stadt (um 55 €). Hummersalat mit Spargel und Waldpilzen, Stopfleberschnitzel aus der Pfanne mit Feigenchutney und Erdbeeren munden ebenfalls köstlich. Angenehm altmodischer Saal mit Sixties-Anklängen, Terrasse zum Hafenkai. Tipp: Bouillabaisse-Kochkurse am ersten Donnerstag des Monats (auch auf Engl.), inkl. Fischeinkauf und abschließenden Essen (9.30–14.30 Uhr, 120 €, www.bouillabaisse.com).

# Vegetarisch

Es gibt kein ausschließlich vegetarisches Restaurant in der Stadt. Als Empfehlungen für fleischlose Kost seien die Pizzerien, ggf. Fischlokale sowie die hier aufgeführten Adressen genannt.

*Käsemenü* – **Bataille Fromagerie des Alpes:** ■ **G 8**, 18, rue Fontange, Metro: Notre-Dame-du-Mont/Cours Julien, Di–Sa 8.30–20 Uhr, Käsemenü ab 13 €. Die heute vom Pariser Feinkosthändler Hédiard betriebene alteingesessene Käsehandlung ist ein Tipp für Vegetarier. Die grandiose Käseauswahl ist um eine ebenbürtige Feinkostabteilung bereichert worden, die die besten Spezialitäten aus ganz Frankreich führt. Ebenfalls neu ist der Mittagstisch: Das *menu fromages* mit fünf Käsesorten und einem Viertel Wein gibt's für 13 €.

*Crêpes* – **La Caverne de Gaia:** ■ **Karte 2, D 6**, 38, rue de l'Evêché, Tel. 04 91 90 11 24, Metro: Vieux Port, Mo–Do 8.30–18, Fr, Sa bis 24 Uhr, Menü 10–21 €. 35 Biotees, Crêpes, Galettes (40 verschiedene, darunter viele vegetarische!), Tartes und Desserts aus Bioprodukten und ein gemütliches Interieur mit rotgekalkten Wänden machen den Erfolg von Salon de Thé und Restaurant aus. Der Name leitet sich von der prähistorischen Erdmutter Gaia ab, deren Abbildungen den Saal schmücken.

# Weinbars und Weinrestaurants

*Fusion Cuisine* – **Le 29:** ■ **Karte 2, E 8**, s. S. 39.

*Unprätentiös* – **Le Bistrot à Vins:** ■ **Karte 2, F 8**, 17, rue Sainte, Tel. 04 91 54 02 20, Metro: Vieux Port, Sa mittags, So geschl., à la carte 32 €. Schlauchförmiger Saal, eng aneinandergerückte Tische, und das Tagesgericht steht auf der Schiefertafel. Macht ein unprätenziöses Weinbistro. Hausmacherküche (Tintenfisch *à la provençale, pieds et paquets*), viele offene Weine.

*Fidel und flott* – **Les Buvards:** ■ **Karte 2, E 7**, 34, Grand'Rue, Tel. 04 91 90 69 98, Metro: Vieux Port, Mo–Sa 9–21, So 10–14 Uhr, Tagesgericht inkl. Glas Wein 13 €. Flotte Weinbar/-handlung, mit ein paar Tischen im hinteren Saal, geführt vom Trio Laetitia, Fred und Sandi. Nette Atmosphäre. Viele offene Weine.

*Eine Institution* – **La Part des Anges:** ■ **Karte 2, F 8**, 33, rue Sainte, Tel. 04 91 33 55 70, Metro: Vieux Port, tgl. 9–2 (So 13–18 Uhr geschl.), Tellergerichte ab 10 €. An der Theke, über der die glasweise servierten Weine auf einer Schiefertafel aufgeführt sind, ist es immer rappelvoll. An den Tischen dito: Die Bistroküche ist schmackhaft und erschwinglich. Außerhalb der Essenszeiten und zu später Stunde auch ein Ausgehtipp. Mit Weinverkauf.

*Ambitioniert* – **La Trilogie des Cépages:** ■ **Karte 2, E 8**, s. S. 40.

*Beim Winzer* – **Vinoneo:** ■ **Karte 2, E 7**, 6, pl. Daviel, Tel. 04 91 90 40 26, Metro: Vieux Port, Mo–Sa (Mo abends geschl.), Formule 18 €, à la carte 25–30 €. Renaud Pierlot hat fast 20 Jahre im elterlichen Weingut gearbeitet, bevor er das Restaurant am Fuß des Panier eröffnete. Die 80 angebotenen Weine sind ihm Flasche für Flasche eine Herzensangelegenheit. Aus der Küche kommen Köstlichkeiten wie Kabeljau mit Artischocken oder (Bio-)Hühnerfrikassee mit Weinessig.

# Einkaufen

## Einkaufen

Die Innenstadt ist fußläufig, das Angebot faszinierend und üppig, die Preise sind moderat. Und die Boutiquen einer Branche ballen sich meistens in einem Viertel: Das alles macht Marseille zum Einkaufsparadies.

## Mode, Accessoires und Körperpflege

Als Modestadt ist Marseille auf dem besten Weg, Paris Konkurrenz zu machen. Dies gilt vor allem für junge, trendige Streetwear. Östlich der Canebière ist das Terrain für Fashion Victims klar abgesteckt. Die lärmende, verkehrsumtoste Rue de Rome behauptet sich als Meile der Billiganbieter (Motto: Alles muss raus!). In der nur Fußgängern vorbehaltenen Parallelstraße Rue Saint Ferréol haben sich internationale Jeansketten und Casual-Wear-Anbieter angesiedelt. In der Rue Paradis ist das Angebot deutlich exklusiver. Bekannte Designernamen tauchen auf – Thema: Prêt-à-porter bis Couture, inklusive Schmuck, Lederwaren, Interior Design, Parfüm. Noch exklusiver, aber dank heimischer Designer auch lokaltypischer, wird es in den Verbindungsstraßen zwischen Rue Saint Ferréol und Rue Paradis: Die Rue de Grignan (s. S. 41) mausert sich zur exklusivsten Adresse der Stadt, dicht gefolgt von der Rue Sainte. Ganz junge Modemacher und alternative Labels zieht es hingegen an den Cours Julien.

## Märkte

Knapp zwei Dutzend Märkte finden jede Woche in Marseille statt, etliche davon werden täglich abgehalten. Ein vergnügliches Markthopping beginnt etwa am Hafen auf dem Fischmarkt, geht flanierend weiter über den exotischen Marché des Capucins und endet auf einer Caféterrasse mit Blick auf den Blumenmarkt am Square Stalingrad oder auf den Biomarkt am Cours Julien.

## Santons und Seife

Die typischen Marseiller Handwerksprodukte findet man auf Schritt und Tritt im Panier. Schon in den 1990er-Jahren hat die Stadt die Ansiedlung von Santonniers (Krippenfigurenhersteller) und Seifenmachern am Fuß und auf dem Altstadthügel gefördert. Hinzu kommen ein paar Chocolatiers, die den Anstieg über Treppen und Stiegen versüßen.

## Trödel, Antiquitäten und Vintage-Design

»Quartier des Antiquaires« steht auf dem Bogen, der die Rue Edmond Rostang auf Höhe der Préfecture überspannt. Dahinter reiht sich ein Antiquitätengeschäft ans nächste, was sich auch in den Seitenstraßen in Richtung Rue Paradis fortsetzt. ›Moderne‹ Antiquitäten und Design des 20. Jh. findet man eher rund um den Cours Julien, eine echte Trouvaille mit großer Wahrscheinlichkeit samstags auf dem Flohmarkt im ruppigen Norden Marseilles.

## Antiquitäten und Kunst

*Nostalgisches* – **Cabanon Design:** ■ **F 8,** 32, rue St-Jacques, http://lecaba nondesign.free.fr, Metro: Estrangin Préfecture, Di–Sa 10–12, 14–19 Uhr. *Cabanon* heißt die kleine Hütte am Meer, von der jeder Marseillais träumt. Bis es so weit ist, kann man sich mit Designobjekten und Alltagsgegenständen der 1950er- bis 70er-Jahre trösten, wie etwa Henkelbecher mit Werbeschritftzug, Hifi-Anlagen, Plastikgeschirr, Tabletts.

*Künstlerkooperative* – **Espace Celadon:** ■ **Karte 2, D 6,** 90, rue Ste-Françoise, www.atelier-celadon.com, Metro: Vieux Port, tgl. 10.30–19 Uhr. Fünf Künstlerateliers unter einem Dach: Die drei Keramik-, ein Glas- und ein Mosaikkünstler stellen ihre Objekte im vorderen Teil des weiten Ladenlokals aus: hübsche Ansichten von Marseille in Mosaik, bizarre Glasarrangements, bunte Tonkühe.

*Maler der Provence* – **Galérie Léoni:** ■ **F 8,** 14, rue Edmond Rostand, Tel. 04 91 57 16 84, www.galerie-leoni.com, Metro: Estrangin Préfecture, Di–Sa 14–19 Uhr und nach Vereinbarung. Patrice Léoni ist ein Enkel des Malers Auguste Chabaud (1882–1955), dessen Werke selbstverständlich in der Galerie vertreten sind. Schwerpunkt sind ansonsten provenzalische Maler des 19. und 20. Jh. wie Courdouan, Ponson oder Ziem.

*Fundstücke* – **Les Majuscules, Les Miniscules:** ■ **F 8,** 30, rue St-Jacques, Metro: Estrangin Préfecture, Di–Fr 10–12, 14.30–18.30, Sa 10–12, 15–18 Uhr. Moderne Antiquitäten aus der ersten Hälfte des 20. Jh., Schreibtische, Lampen, eine Bar, Zeichnungen.

*Trödlerdorf* – **Le Village des Antiquaires:** ■ **Karte 3, E 5,** 20, bd. Fifi Turin, Quartier de la Capelette, www. fifiturin.fr, nur mit Pkw zu erreichen, Mo–Fr 9–12, 14–19 Uhr. Auf über 4000 m² stellen Trödler und Antiquätenhändler Kurioses und Seltenes, Hochkarätiges und Nostalgisches aus. Beim Stöbern entdeckt man altes Spielzeug, Postkarten, Lüster, Kommoden etc.

## Bücher, Plakate, CDs

*Für Kinofans* – **Cinesud:** ■ **Karte 2, G 7,** 19, cours Julien, www.cinesud-af fiches.com, Metro: Notre-Dame-du-Mont, Di–Sa 11.30–19 Uhr. Eric Pilloni hat Filmplakate und Standfotos aus über 10 000 Kinofilmen im Angebot, vom Low-Budget-B-Movie zur Blockbuster-Produktion, vom Dokumentarbis zum tschechischen Märchenfilm.

*Enorme Auswahl* – **FNAC:** ■ **Karte 2, F 7,** Centre Commercial Bourse, www. fnac.com/marseille, Metro: Vieux Port, Mo–Sa 10–19 Uhr. Unter der Kuppel des Einkaufszentrums werden auf endlosen Quadratmetern Bücher, CDs, Fotoausrüstungen, Computer verkauft. Die Preise in der landesweit vertretenen Kette sind meistens etwas günstiger als im gängigen Handel. Die Auswahl an Buch- und Musiktiteln ist zudem enorm. Mit eigenem Veranstaltungsprogramm.

*Antiquarische Reisebücher* – **Librairie In Quatro:** ■ **Karte 2, E 8,** 34, rue Fort-Notre-Dame, Metro: Vieux Port, Di–Sa 10–12, 14.30–18.30 Uhr. Der Laden von Brigitte Maurel ist eine exquisite Fundgrube für antiquarische Atlanten, Stadtfolianten, Karten, Reisebücher (Schwerpunkt Marseille) und Belletristik.

*Mit Rap-Abteilung* – **Virgin Megastore:** ■ **Karte 2, F 8,** 75, rue St-Ferréol, www.virginmegastore.fr, Metro: Noailles, Mo–Sa 9.30–21, So 14–20 Uhr. Riesiger Musik- und Buchladen in den Hallen einer ehemaligen Bank der Belle Époque. Mit eigener Abteilung für Rap français sowie allen CDs der lokalen Rapper Massalia Sound Systeme oder 45 Niggaz. Gut sortierte Taschenbuch- und Comicabteilung. Zum Verschnaufen gibt's das Virgin Café (9.30–20 Uhr). Ab und zu Kurzauftritte von Sängern und Bands zwecks Vorstellung neuer Songs.

## Delikatessen

*Pastis* – **La Maison du Pastis:**  **Karte 2, E 7,** 108, quai du Port, www.la maisondupastis.com, Metro: Vieux Port, 10–14, 16.30–19.30 Uhr. Winziger, schlauchartiger Laden, in dem an die 100 verschiedene Pastis und Absinthes angeboten werden, dazu die passenden Karaffen, Tabletts und Gläser.

*Olivenöl* – **Place aux Huiles:** **Karte 2, E 7/8,** s. S. 30.

## Fayencen und Santons

*Tischdeko* – **Faïencerie Figuères:** **Karte 3, D 5,** 10–12, av. Lauzier, www. faiencerie.figueres.com, Bus: 83, Haltestelle Pointe Rouge, Mo–Fr 8.30–12, 13–18.30, Sa 8.30–12, Sa im Dez. auch 14–19 Uhr. Obst und Gemüse, täuschend echt aus zerbrechlicher Fayence gefertigt, drapiert auf überbordenden Tellern, als Tischdekoration oder zum Bestaunen, dazu von den Gemälden eines Arcimboldo inspirierte Obst- und Gemüsegestalten. Papa Dominique Cour entwirft, die Söhne setzen's um.

*Meisterhaft* – **Santons Marcel Carbonel:** **Karte 2, D 8,** 49, rue Neuve Ste-Catherine, www.santonsmarcel carbonel.com, Metro: Vieux Port, Di–Sa 10–12.30, 14–18.30 Uhr. Dem großen Meister unter den Santonniers von Marseille (gegründet 1935) gebührt jeden Advent die Ehre, die Krippe in der St-Victor-Basilika zu bestücken. Allerfeinste Arbeiten, in der Tradition des späten

**Kleine Meisterwerke: die Santons von Marcel Carbonel**

18. Jh. Mit Krippenmuseum (Zugang frei, Krippen aus zwei Jahrhunderten).

## Geschenke, Design

*Fußball* – **Boutique OM:** ■ **Karte 2, F 7,** 44, la Canebière, www.madein sport.com/om, Metro: Vieux Port, Mo–Sa 10–12.30, 14–19 Uhr. Der Fanartikelladen des Fußballvereins Olympique Marseille hat die Trikots aller Spieler auf Lager. Außerdem: Kappen, Schals, Wimpel, Kugelschreiber, Feuerzeuge, Bademäntel – immer in den Farben von OM.

*Bunte Mischung* – **Les Filles du Soleil Gourmand:** ■ **Karte 2, G 7,** 71, cours Julien, Metro: Notre-Dame-du-Mont, Mo–Sa 10–19 Uhr. Die bunte Mischung aus Boutique für Deko-Accessoires (Fotoalben, Tagebücher), mediterraner Feinkost (Olivenöl, Feigenkonfitüre, Rosenblattsirup) und Kuriosa aus aller Welt funktioniert mittags als Kantine des Viertels (kleine Speisen 12–16 Uhr), danach als Salon de Thé (bis 18 Uhr, herrlich: die *tarte au citron*).

*Für Blumenkinder* – **Flower box:** ■ **Karte 2, G 7,** 80, cours Julien, www.flowerbox.fr, Metro: Notre-Dame-du-Mont, Di–Sa 10–13, 14–19 Uhr. Designobjekte für Pflanzen und Blumen (Wandbeete in poppigen Farben, Kräuterkästen in hippem Design), darunter Entwürfe von Marine Peyre (s. S. 9).

*Orientdesign* – **Inspiration Ryad:** ■ **Karte 2, G 7,** 123, La Canebière, www.leryad.fr, Metro: Réformés Canebière, Mo–Sa 10–13, 14–19 Uhr. Die Boutique ist ein Ableger des Hotels Le Ryad (s. S. 89) und vertreibt Möbel, Kunsthandwerk und Modeaccessoires aus Marokko: Kanapees wie aus einem Harem, Messingwaschbecken, Kommoden und Handta-

schen. Im Hinterraum der Boutique: Showroom in einem Napoleon-III-Salon mit grandiosem Parkettboden.

## Märkte und Flohmärkte

*Weihnachtsmarkt* – **Foire aux Santons:** ■ **Karte 2, F 7,** Pl. du Géneral Charles de Gaulle, Metro: Vieux Port, 21. Nov.–31. Dez. Der älteste Markt für provenzalische Krippenfiguren existiert seit rund 200 Jahren. An die 40 Santonniers bieten an der festlich beleuchteten Canebière Ochs, Esel und die Heiligen Drei Könige an.

*Blumenmeer* – **Marché aux Fleurs:** ■ **G 6,** s. S. 51.

*Frischer Fisch* – **Marché aux Poissons:** ■ **Karte 2, E 7,** s. S. 34.

*Flohmarkt* – **Marché aux Puces:** ■ **Karte 3, D 3,** 130, chemin de la Madrague-Ville, www.marseillelespuces.fr, Metro: Bougainville, Di–So 7.30–19 Uhr. Der Flohmarkt findet in den aufgelassenen Fabrikhallen von Alsthom statt (5000 m²). Am Samstag kommt ein großer Außenflohmarkt hinzu. Tolle Schnäppchen. Achtung: Taschendiebe!

*Wochenmarkt* – **Marché Paysan de la Plaine:** ■ **Karte 2, G 7,** s. S. 49.

*Antiquarische Bücher* – **Marché des Bouquinistes:** ■ **Karte 2, G 6,** Pl. Auguste et François Carli, Metro: Noailles, Di–Sa 9–18 Uhr. In den grünen Ständen hinter dem Musikkonservatorium werden an fünf Tagen der Woche antiquarische Bücher, Comics, Alben und Landkarten ausgebreitet.

*Orientalischer Basar* – **Marché des Capucins:** ■ **Karte 2, F 7,** s. S. 53.

*Bauernmarkt* – **Marché Paysan:** ■ **G 6,** s. S. 49.

# Mode, Accessoires, Parfüm

*Made in Marseille* – **Le Comptoir du Panier:** ■ **Karte 2, E 7,** s. S. 30.

*Urprovenzalisch* – **Durance Les Comptoirs de Provence:** ■ **Karte 2, F 7,** 40, rue Francis Davso, www.duran ce.fr, Metro: Vieux Port, Mo–Sa 10–19 Uhr. Die Stärke des Hauses liegt bei Duftessenzen, ätherischen Ölen, Aromatherapieartikeln, Seifen und Cremes auf Naturproduktbasis. Ur-Provenzalisches Interieur mit lavendelblauen Regalen und altem Tommettes-Boden (Kacheln).

*Schmuck und Parfüm* – **Gas:** ■ **F 8,** 108, rue Paradis, www.gasbijoux.fr, Metro: Estrangin Préfecture, Di–Sa 10–19 Uhr. Die erste Modeschmuckkollektion verkaufte der gebürtige Marseillais André Gas 1968 am Strand von St-Tropez. Heute unterhält er neben der Boutique in seiner Heimatstadt Filialen in St-Tropez, Paris, New York und Los Angeles. Mittlerweile ebenso erfolgreich und vom Lebensgefühl des Mittelmeers geprägt sind die Parfüms des Hauses.

*Flippig* – **Madame Zaza of Marseille:** ■ **Karte 2, G 7/8,** 73, cours Julien (Hauptgeschäft) und 104, corniche Kennedy, www.zazaofmarseille.com, Metro: Notre-Dame-du-Mont, Mo–Sa 10–19 Uhr. Das flippige Designlabel steht für den modischen Aufbruch der Stadt in flirrenden Farben und glänzendem Satin. Selbstbewusst werden bei der Damenkollektion knallige Farben, Flitter, Formen und Einflüsse aus Nordafrika gemischt, was manchmal an Lacroix erinnert und sehr zu Marseille passt.

*Ferienstimmung* – **Marseille en vacances:** ■ **Karte 2, F 7,** 7, rue Bailli de Suffren, www.marseilleenvacances. com, Metro: Vieux Port, Di–Sa 10–19 Uhr. Der Concept-T-Shirt-Store von Guillaume Sicard hat bedingungslos freizeitorientierte Mode im Angebot – allen voran T-Shirts mit flotten Sprüchen. Dazu gibt es Sweatshirts, Mützen, Kochschürzen, alle mit aufgedrucktem Spruch.

*Der Trendsetter* – **Oogie:** ■ **Karte 2, G 7,** 55, cours Julien, www.oogie.eu, Metro: Notre-Dame-du-Mont, tgl. 10–19 Uhr. 400 m² großer Conceptstore mit Vintage-Mode, Trendlabels wie Cheap Monday, April 77, von der Kappe über T-Shirts und Jeans bis hin zu Schuhen. Dazu gibt's CDs und Schallplatten und im ersten Stock den Friseursalon Joce Coiffure für den Bienenkorb à la Amy Winehouse. Über allem wabert ein Soundteppich mit angesagten Independent-Labels.

*Trendlabel* – **Sessun:** ■ **Karte 2, F 8,** 6, rue Sainte, www.sessun.com, Metro: Vieux Port, Di, Do 10–12.30, 14–19, Mi, Fr, Sa 10–19 Uhr. Junges Trendlabel (Damen, auch Schuhe und Accessoires), mit Anklängen an Neo-Flower-Power- und Urban-Romantic-Look. Verträumt und sophisticated zugleich, in jedem Fall eigenwillig und für Individualistinnen.

# Süßes

*Schokolade* – **La Chocolatière du Panier:** ■ **Karte 2, D 6,** 4, pl. des Treize Cantons (drei weitere Filialen in der Stadt), www.chocolatiere-panier.com, Metro: Vieux Port, Di–Sa 10–13, 14–18.30 Uhr, So nachmittags anlässlich besonderer Events im Viertel, s. S. 30.

## Savon de Marseille

Bis zu 72 % Olivenöl gehört in den grünen Seifenwürfel – erst dann handelt es sich um echte Savon de Marseille – und nur solche verkauft Sylvie Maccati im **Au Savon de Marseille** (■ Karte 2, E 7, 106, quai du Port, www.ausavonde marseille.com, Metro: Vieux Port, Mo–Sa 10–19 Uhr). Die kleine Boutique verliert sich fast zwischen all den Bars und Restaurants am Kai. Sylvie bietet Savon de Marseille aus kleiner, feiner Handwerkerherstellung, hyperallergene Körperpflegeprodukte (Lotionen, Tagescremes), Massageöle renommierter Firmen wie Côté Bastide an. Wie die Seife hergestellt wird, kann man sich bei einer Betriebsführung in der letzten Seiferei innerhalb der Altstadt anschauen.

In der **Savonnerie Marseillaise de la Licorne** (■ Karte 2, G 7, 34, cours Julien, www.savon-de-marseille-licorne.com, Metro: Notre-Dame-du-Mont, Mo–Fr 8–17, Sa 10–18 Uhr, Betriebsführung um 11, 15, 16 Uhr) wird nach alter Tradition an museumsreifen, gleichwohl tadellos funktionierenden Maschinen gearbeitet. Qualität lautet das oberste Gebot: In die Seife kommen 72 % Olivenöl, dazu wahlweise Honig oder Stutenmilch. Unter den Seifensorten sind Oliven-Mandel-Honig, Veilchen, Mimose, Linde, Rosmarin, Lavendel, Tee, Orangenblüten im Angebot.

*Fruits confits et nougat –* **Dromel Ainé:** ■ Karte 2, F 7, 6, rue de Rome (Stammhaus) und 19, av. du Prado, www.dromel-aine. com, Metro: Noailles, Mo–Sa 9–19 Uhr. Die 1760 gegründete Confiserie bleibt Marseilles erste Adresse für *fruits confits, marrons glacés, papillotes* (Schokobonbons), weißen provenzalischen Nougat, Fruchtpâtés, *calissons,* Schoko-Orangen-Stäbchen und Pralinenpackungen von 250 g bis 1,5 kg.

*Gewürzplätzchen –* **Le Four à Navettes:** ■ D 8, 136, rue Sainte, Bus: 83, Haltestelle St-Victor, 7–19 Uhr. Die älteste Bäckerei der Stadt verkauft seit 1781 *navettes:* Die Form der mit Orangenblüten verfeinerten Gewürzplätzchen erinnert an das Schiffchen, mit dem die hl. Maria Magdalena einst in Marseille gestrandet sein soll. Gibt's in der Tüte oder in der schmucken gelben Blechbox.

*Feinste Plätzchen –* **Les Navettes des Accoulés:** ■ Karte 2, D 7, 68, rue Caisserie, www.les-navettes-des-accoul es.fr, Metro: Vieux Port, Di–Sa 9–19, Juli, Aug. 9–13, 16–19 Uhr, s. S. 31.

*Dragées –* **Nouchig:** ■ Karte 2, F 7, 45, rue Vacon, www.nouchig-dragees. com, Metro: Noailles, Mo–Sa 10–13, 14–19 Uhr. Der elegante Laden steht für Quittenpaste, *fruits confits und* glasierte Maronen aus Collobrières im Maurenmassiv, doch vor allem für seine köstlichen Dragées. Unter der Glasur verbergen sich geröstete Mandeln, kandierte Früchte, Pistazien …

*Pralinés –* **Xococoatl:** ■ Karte 2, E 7, 28, Grand'Rue, www.xococoatl. chocolateriemaino.fr, Metro: Vieux Port, Di–Sa 9.30–19.15, So 9.30–13 Uhr. Vater Serge und Sohn Thierry Maino kreieren nach einhelliger Meinung die besten Pralinés von ganz Marseille (62 €/kg). Als da wären solche mit Absinth, mit Safran, mit Karamel und Banane, mit Lakritz, mit Puffreis, mit Tonkabohnen, mit Pastis und Ingwer etc.

# Ausgehen – abends und nachts

## Marseille bei Nacht

Marseille ist keine Szenestadt, was nicht heißen soll, dass die Marseillais nicht ausgehfreudig sind. Im Gegenteil: Das tägliche Glas mit Freunden am frühen Abend, der gesellige Treff zum Aperitif ist ein von allen Gesellschaftsschichten und in allen Vierteln gepflegtes Ritual. Wenn man sich später am Abend verabredet, geschieht dies jedoch in erster Linie, um zusammen essen zu gehen, und nicht auf ein Glas.

Erst allmählich verändern sich die Gewohnheiten, dies besonders in ›jungen‹ Vierteln wie dem Cours Julien, wo entsprechend viele Bars zu finden sind. Coole Lokale aber passen nicht so recht zur mediterranen Lebensfreude – Marseille ist eben nicht Berlin. Sie sind daher rar oder funktionieren gleichzeitig als Restaurants. Die Übergänge von der Bar zum Restaurant zur Diskothek sind ohnehin fließend. Oft beginnt so ab 23 Uhr der DJ im Keller unter dem Restaurantsaal seinen Job.

## Am Wochenende brummt's

Marseilles Nachtleben macht von Sonntagabend bis Mittwoch eine Pause: Am Wochenanfang finden nur wenige Nachtschwärmer den Weg in die angesagten Bars der Stadt. Die meisten Diskotheken (frz. *boîte*) haben dann ebenfalls geschlossen, wie übrigens in ganz Frankreich. Das Bild ändert sich schlagartig mit dem Herannahen des Wochenendes. Donnerstags sind die Theken bereits deutlich voller. Ab Freitagabend schlagen die Wellen hoch, am Samstag geht gar nichts mehr. Gesichtskontrolle ist bei vielen Nachtspots üblich. Überhaupt, wenn man ausgeht, dann richtig. Soll heißen: Erst geht es zum *apéro* (umgangssprachl.: *apéritif*) ins Café, anschließend ins Restaurant (einige gehören zum festen Programm der Marseiller Nacht und veranstalten ›Before‹- oder ›avant-boîte‹-Events), dann vielleicht in eine Bar, und schließlich zu später Stunde in die Disco, wo der Eintritt happig ausfällt (ab 10 €). Im Sommer verlagert sich das Nachtleben zudem aus der Stadt (wo viele Läden im Juli, Aug. geschlossen sind) an den Strand, wo bis zum Sonnenaufgang getanzt und dann noch kurz gebadet wird.

## Epizentren der Nacht

Drei Pole stehen im Zentrum des Nachtlebens. Am klassischsten ist das Umfeld des Vieux Port (▶ D–F 7/8, s. S. 34) mit seinen alteingesessenen, gleichwohl auch bei jungen Szenegängern beliebten Bars. Touristen mischen sich unter die Einheimischen. Man kommt schnell ins Gespräch. Szenenwechsel: Ein Hauch Prenzlauer Berg weht über dem Cours Julien (▶ F/G 7, s. S. 47). Die Klientel ist jung, unkonventionell, die Musik stammt von Independant Labels oder aus der ganzen Welt – Stichwort World Music –, Gesichtskontrolle ist unbekannt. Als Ableger der Côte d'Azur versucht sich schließlich die Bar- und

Discoszene längs der Corniche (▶ B–D 8–11, s. S. 63) im Südosten des Zentrums bis zum Hafen von Les Goudes. Am Plage de Borély etwa mutieren Strandlokale am frühen Abend zur Chill-Out-Lounge. Auf den Liegen tummeln sich Surfer im California-Look und die herausgeputzte Jeunesse dorée.

### Veranstaltungskalender und Websites

Es gibt in Marseille ein breites Angebot an Zeitungen und Magazinen mit aktuellem Kultur- und Eventkalender. Dazu zählen die führende Tageszeitung »La Provence« und das Wochenmagazin »Marseille L'Hebdo« (kommt mittwochs heraus). Szenegänger informieren sich am ehesten im alle zwei Wochen erscheinenden »Mars Magazine«. Gratis sind die überall in der Stadt ausliegenden Kultur- und Veranstaltungsblätter »Ventilo« und »César«.»La Provence«, »Marseille L'Hebdo« und »Ventilo« stellen alle wichtigen Termine auch online: www.laprovence.com, www.Marseille Lhebdo.com, www.journalventilo.net.

### Kartenvorverkauf

An den Veranstaltungskassen der FNAC und des Virgin Megastore (s. S. 99) sind Karten zu fast allen Aufführungen erhältlich. Ansonsten hält auch das Office de Tourisme Tickets für alle größeren Events vor. Hotels der gehobenen Kategorien helfen gern beim Kartenkauf weiter. Bei den meisten Bühnen kann man online reservieren.

Als Infozentrum zum kulturellen Angebot und Last-Minute-Schalter mit reduzierten Tickets für denselben Tag fungiert der Espace Culture (42, la Canebière, www.espaceculture.net, Mo–Sa 10–18.45 Uhr). Hier gibt es ebenfalls das Gratis-Infoblatt »In Situ«.

# Bars für den Aperitif

*Unverwüstlich* – **Bar de la Marine: ■ Karte 2, E 7/8,** s .S. 36.

*La vie en Rosé* – **Le Bar des Pêcheurs: ■ Karte 2, E 7/8,** 43, quai de Rive Neuve, Metro: Vieux Port, Mo–Mi 9–1, Do–Sa bis 2 Uhr. Man schneit so gegen 19 Uhr rein und tritt um gut 1 Uhr langsam den Heimweg ein. Zwischendurch fließt auf der Terrasse der kühle Rosé in Strömen, und die Stimmung ist super – zumindest von Donnerstag bis Samstag.

*Hafenblick* – **Bar de la Samaritaine: ■ Karte 2, E 7,** s. S. 36.

*Terrasse für jedermann* – **Les Danaïdes: ■ G 6,** s. S. 52.

*Sixties-Schwung* – **Longchamp Palace: ■ G 6,** 22, bd. Longchamp, Tel. 04 91 50 76 13, Metro: Réformés Canebière, Mo–Do 8–21, Fr 8–1, Sa 8–15 Uhr. Kein Palast, sondern ein Eckbistro und -café der neuen Generation. Die Theke mit unverkennbarem Sixties-Schwung ist mittags Treffpunkt der Kunst- und Designerszene (à la carte um 24 €), abends ein Rendezvous metropolsüchtiger Intellektueller.

*Very british* – **Le Red Lion: ■ Karte 3, D 5,** 231, av. Pierre Mendès-France, www.pub-redlion.com, Bus: 83, Haltestelle Borély, So–Do 15–2, Fr, Sa bis 4 Uhr. An *english bar* in Marseille, so ließe sich das Konzept kurz und knapp auf den Punkt bringen. Soll heißen, man trinkt Guinness, hört Rock und geht gegen Mitternacht mal kurz im nahen Meer schwimmen. Was vergessen? Halt, eine rote englische Telefonzelle in einer der drei Säle sowie eine Tanzpiste gibt es auch noch.

*Bunte Mischung* – **Unic Bar:** ■ **Karte 2, E/F 7,** 11, cours Jean Ballard, Metro: Vieux Port, 8–3 Uhr. Die Mischung macht's: So gegen 19 Uhr stehen Intellektuelle, Handwerker und Medienvertreter, Alt und Jung, Zugezogene und Einheimische hübsch durcheinander um die von Neonlicht beleuchtete Theke. Und so geht's den ganzen Abend weiter, bis der Barman den Laden zumacht.

## Comedy und Kabarett

*Burlesk* – **La Baleine qui dit Vagues:** ■ **Karte 2, G 7,** 59, cours Julien, http://labaleinequiditvagues.org, Metro: Notre-Dame-du-Mont. Erzählungen stehen im Mittelpunkt der ungewöhnlichen Bühne, die mit spielerisch-verträumten, burlesken Elementen in Szene gesetzt werden. Zur Baleine gehört die Table de Gepetto, ein nettes Bar-Restaurant.

*Kleinkunst* – **Le Parvis des Arts:** ■ **F 4,** 8, rue du Professeur Heuzé, www.parvisdesarts.com, Metro: Jules Guesde. Die Kleinkunstbühne ist Stammsitz der Sketch Up Compagnie, die mit irrsinnig komischen Sketchprogrammen überrascht.

*Lachen am Kai* – **Le Quai du Rire:** ■ **Karte 2, E 7,** 16, quai Rive Neuve, www.16-19.fr, Metro: Vieux Port. Comedystars und Kabarettisten wie der in Frankreich berühmte Titoff gaben hier ihr Debut. In der dazugehörigen Bar werden Tapas angeboten.

## Diskotheken

*Gesichtskontrolle* – **Le Bazar:** ■ **D 5,** 90, bd. Rabattau, www.lebazarclub.fr, Metro: Rond-Point du Prado, Do–So 24–6 Uhr. Stylischer Klub mit VIP-Raum im ersten Stock, strikter Gesichtskontrolle und den besten DJs in residence Frankreichs. Entsprechend aufgedonnert und einen Hauch zickig ist die Klientel. Auch der Eintritt ist mit 20 € (inkl. zwei Getränke) nicht gerade günstig.

*Jeunesse dorée* – **Bistrot-Plage:** ■ **B 9,** 60, corniche Kennedy, www.bistrot-plage.fr, Bus: 83, Haltestelle Vallon des Auffes, tgl. 22–2 Uhr. Die Diskothek gilt als ›avant-boîte‹, weil hier in erster Linie für die weitere Nacht in einem anderen Klub angeheizt wird. Der Laden ist zudem der Treff der Marseiller Jeunesse dorée. Soll heißen, der (teure Designer-)Dress entscheidet beim Türsteher über Mitfeiern oder Umkehren. Drinnen verblüfft das schicke Ambiente von Tanzpiste und Restaurant-Lounge, die sich an eine winzige Calanque schmiegen. Einen Wassersteg gibt's auch.

*Funk und Disco* – **Bunny's:** ■ **Karte 2, F 7,** 2, rue Corneille, Metro: Vieux Port, 22.30–5 Uhr, Mitte Juli–Aug. geschl. Die Diskothek der gutsituierten Forty-Somethings. Es geht trotz der Nähe zu einigen Rotlicht-Etablissements gesittet zu. Gespielt wird als Hommage an die Stammkunden Funk und Disco der 1970er- bis 1980er-Jahre.

*Salsa-Nächte* – **Cubaila Café:** ■ **G 7,** 40, rue des Trois-Rois, www.cubailacafe.fr, Metro: Notre-Dame-du-Mont, Restaurant Mi–So 19.30–23, Tanzpiste 23–3 Uhr. Bis 23 Uhr werden im Erdgeschoss Tapas und kubanische Küche serviert. Dann geht's in den Keller, wo die besten Salsatänzer der Stadt über die Piste fegen, in der Regel zu Klängen aus der Box, manchmal jedoch auch zu Livemusik. Am besten, man lässt sich überraschen!

## Marseille gay

Marseilles schwul-lesbische Szene ist überschaubar. Es gibt jedoch neben rein schwul-lesbischen Adressen eine ganze Reihe von Restaurants, Chambres d'hôte oder Hotels, die gay friendly sind oder von Schwulen/Lesben geführt werden, ohne sich exklusiv an eine homosexuelle Klientel zu wenden. Einen aktuellen Überblick vermittelt der Verein Gay Provence, der den Führer »Guide France Gay Friendly« herausgibt (www.gay-provence.org). Ein paar Tipps:

Die coole Disco-Bar **Le Boombox (**◼ **Karte 2, F 7,** 5, rue de l'Arc, Metro: Noailles, Do–Sa 19–6 Uhr) mit bläulich leuchtender Theke macht vor allem durch ihre DJ-in-residence-Abende von sich reden. Die Gäste sind eher jung und gestylt. Eine bunt gemischte Gästeschar belebt die nette **Get-bar (**◼ **Karte 2, F 7,** 14, rue Beauveau, www.get-bar.com, Metro: Vieux Port, Di–So 19–3 Uhr), die seit fast 20 Jahren der Anker der schwul-lesbischen Szene in Hafennähe ist. Zu Aperitif und Tapas (19–21 Uhr) wird es oft voll, an den Themen- (Mi) und Studentenabenden (Do) ebenso. Electronic Sound gibt's im **New Cancan (**◼ **Karte 2, G 7,** 3–7, rue Sénac de Meilhan, www.newcancan.com, Metro: Réformés Canebière, Do–So 23–6 Uhr). Die umtriebige Bar und Diskothek heizt mit knallenden Beats ein. Ab Mitternacht wird es langsam voll, dann steigt freitags und samstags auch der Eintritt. Mittlerweile kommen fast ebenso viele Heterosexuelle wie Schwule und Lesben, was der Stimmung keinen Abbruch tut. Donnerstags und sonntags ist der Eintritt frei, die Getränke sind zudem günstiger und eine kleine Bühnenshow gibt es obendrein. Russophilie zeigen Manu und Édourad, die Inhaber der rot ausgeleuchteten Bar **Le Polikarpov (**◼ **Karte 2, E 7,** 24, cours Estienne d'Orves, www.lepolikarpov.com, Metro: Vieux Port, tgl. 8–2 Uhr) nicht nur bei der Namensgebung – Polikarpov hieß ein russischer Bomber, den die Sowjets im Spanischen Bürgerkrieg eingesetzt haben –, sondern auch auf der Cocktailkarte: Black Russian oder La Place Rouge heißen die Favoriten auf Wodkabasis. Die Klientel ist eher jung und hip, die Terrasse ist ein netter Ort fürs Frühstück. Regelmäßige Themenabende veranstaltet **Le Trash Bar (**◼ **H 8/9,** 28, rue du Berceau, www.trash-bar.com, Metro: Castellane, So–Do 21–2, Fr, Sa ab 22 Uhr). Dann geht es in der stylishen Cruising Bar vor allem darum, möglichst viel Muskeln zeigen zu können.

*Surfertreff –* **Sport's Beach Café:** ◼ **Karte 3, D 5,** Espace Borély, 138, av. Pierre Mendès-France, www.sportsbeachcafé.fr, Bus: 83, Haltestelle Borély, Di–Sa 22–2 Uhr. Restaurant, Surfertreff oder Diskothek? Alles in einem, lautet die Antwort. Bevor die Musik hochgedreht wird, kann man etwas essen (à la carte 40 €), im Zigarrensalon eine Havanna paffen oder am Pool einen Cocktail trinken. Warum also nicht gleich bleiben, um Salsa zu tanzen (Mi, Do), klassischen Discosound (Fr) oder World Music (Sa) zu genießen?

*Kellergewölbe –* **Le Trolleybus:** ◼ **Karte 2, E 7/8,** 24, quai de Rive Neuve, www.letrolley.com, Metro: Vieux Port, Do–Sa 23.30–5/6 Uhr. Von außen ahnt man nichts vom Kellergewölbelabyrinth mit Natursteinwänden, die schon so manche lange Nacht erlebt haben. Musik wird für jeden Geschmack aufgelegt: in einem Keller Funk, im nächsten Hard

**Einer der Hotspots der Szene: Im Sommer verlagert sich das Leben gegen Abend an die Pointe-Rouge-Strände**

Rock, im übernächsten Techno. Entsprechend bunt gemischt ist das Publikum.

*Jung und cool* – **Le Warm-Up:** ■ **Karte 3, D 5,** 8, bd. Mireille Jurdan-Barry, www.warmup-marseille.fr, Bus: 83, Haltestelle La Pointe Rouge, Di–Sa 20–2 Uhr. Riesiger Laden in der Nähe der Pointe-Rouge-Strände, auf mehreren Niveaus und mit diversen Angeboten: Salle Orient mit Bar, DJ und Musik von Country über Salsa zu Rock, Warm'K'fe mit Salons, von denen man auf die Tanzpiste schauen kann. Cooles Ambiente, junges Klientel.

# Kino

*Filmkunst* – **Cinémathèque de Marseille:** ■ **Karte 2, F 6,** 31 bis, bd. d'Athènes, Metro: Saint-Charles. Das Kino für Liebhaber: Gezeigt werden Retrospektiven, seltene Streifen aus fernen Ländern, vergessene Klassiker und Avantgardekino.

*Großkino* – **Pathé Madeleine:** ■ **J 6,** 36, av. Maréchal Foch, www.cinemas pathe.com, Metro: Cinq Avenues Longchamp. Etliche Säle und alle aktuellen Großproduktionen machen den Erfolg des Kettenkinos aus. An der Kasse herrscht immer Andrang.

*Mit Anspruch* – **Le Prado:** ■ **G 9/10,** 36, av. du Prado, Metro: Rond-Point du Prado. Für viele das schönste und komfortabelste Kino der Stadt, mit mehreren Sälen und bequemen Sesseln. Außer montags (Ermäßigung) kosten die Karten 8–9,50 €. An manchen Abenden Sondervorführungen mit Diskussion in Anwesenheit des Regisseurs.

*Programmkino* – **Variétés:** ■ **Karte 2, F 7,** 37, rue Vincent Scotto, Metro: Noailles. Das ehemalige Kabarett in einem Belle-Époque-Bau ist heute Programmkino und organisiert Veranstaltungen wie das Festival International du Documentaire. Schöne Säle, Bar und Ausstellungsgalerie.

# Konzerte und Oper

*Hip-Hop-Bühne* – **L'Affranchi:** ■ außerhalb **K 10,** 212, bd. de St-Marcel, www.l-affranchi. com. Marseilles wohl wichtigste Bühne für lokale und internationale Hip-Hop-Musik. Angeschlossen sind ein Aufnahmestudio und ein Artists-in-residence-Bereich.

*Tourneebühne* – **Le Dôme:** ■ **K 3,** 48, av. de Saint-Just, www.le-dome. com, Metro: Saint-Just. Marseilles große Konzertbühne fasst bis zu 8500 Zuhörer. Das Haus ist eine feste Tourneeetappe französischer und internationaler Rock-, Pop- und Chansonstars.

*Szenig* – **Espace Julien:** ■ **Karte 2, G 7,** 39, cours Julien, www.espace-juli en.com, Metro: Notre-Dame-du-Mont. 1000 Plätze in zwei Konzertsälen am szenigen Cours Julien: Auf dem Programm stehen Hip-Hop, Elektro, Dub, Chanson.

*Alternativ* – **La Machine à Coudre:** ■ **Karte 2, F 7,** 6, rue Jean Roque, www.la machineacoudre.com, Metro: Notre-Dame-du-Mont. Die ›Nähmaschine‹ ist eine alternative Musikbühne für Garagenrock, Punk- und Heavy-Metal-Sessions.

*Große Oper* – **Opéra Municipal:** ■ **Karte 2, F 7,** Pl. de l'Opéra, http://ope ra.mairie-marseille.fr, Metro: Vieux Port. Die städtische Oper veranstaltet samstags das Gratis-Event »Avant-propos musical«, bei dem man musikalisch und thematisch in die aktuellen Aufführungen eingeführt wird.

# Musikclubs und Livemusik

*Förderverein* – **Le Balthazar:** ■ **Karte 2, G 8,** 3, pl. Paul Cézanne, www.au balthazar.com, Metro: Notre-Dame-du-Mont, Mi–Sa 21–2 Uhr (Aug. geschl.). Um eingelassen zu werden, muss man Mitglied des Fördervereins sein (Jahreskarte 3 €). Dann steht einem zu kleinem Eintritt der Konzertreigen von Hip-Hop über Ska bis zu Dub offen. Dient vor allem als Bühne lokaler Musikgrößen.

*Hard Rock und Punk* – **Dan Racing:** ■ **G 7,** 17, rue Poggioli, http://guitar jacky.free.fr, Metro: Notre-Dame-du-Mont, Mi–Sa 21–2 Uhr. Der Laden des Ami-Schlitten-Fans Daniel Simon lässt jeden Mittwoch Punk-Rock-Bands auf die Bühne. Deko und Publikum machen auf Hard Rock, wozu das obligatorische Glas Bier in der Hand gehört.

*Konzertkneipe* – **L'Intermédiaire:** ■ **G 7,** 63, pl. Jean Jaurès, Metro: Notre-Dame-du-Mont, Mo–Sa 18–2 Uhr. Die mit großem Lüster aufgetakelte Konzertkneipe bietet im Erdgeschoss mittwochs bis samstags Livemusik und lässt montags DJs ans Pult. Ein Stockwerk höher wird das Glas gehoben.

*Jazzbistro* – **Le Pelle Mêle:** ■ **Karte 2, E 8,** 8, pl. aux Huiles, Metro: Vieux Port, tgl. 18–2 Uhr. Das Jazzbistro ist seit Jahren die Adresse, um einen Hauch New Orleans und New York zu genießen. Von mittwochs bis samstags treten unbekanntere, aber auch renommierte Bands oder Solisten auf. Die Skaibänke mit den atmosphärisch passenden Schwarz-Weiß-Fotos sind dann gut gefüllt.

*Chansons* – **Au Son des guitares:** ■ **Karte 2, F 7,** 18, rue Corneille, www. son-des-guitares.com, Metro: Vieux Port, Do–So 23–4 Uhr. Gespielt wird, wie der Name sagt, auf der Gitarre – und zwar live, vom französischen Chanson bis zur südamerikanischen Ballade. Im Zentrum des seit 40 Jahren bestehenden Klubs aber steht das korsische Liedgut.

## Szene-Lokale

*Shabby Chic* – **La Caravelle:** ■ **Karte 2, E 7**, 34, quai du Port, Metro: Vieux Port, 7–2 Uhr. Die Bar im ersten Stock des Hotels Belle-Vue (s. S. 88) lockt mit dem definitiv aussichtsreichsten Balkon am Vieux Port. Abends zum Aperitif steht zudem die Sonne auf der Fassade. Interessanter in puncto Klientel wird es zu später Stunde, wenn sich die drei kleinen Säle mit der ramponierten, aber originalen 1930er-Jahre-Einrichtung im Shabby-Chic-Stil mit Paradiesvögeln füllen. Mittags funktioniert die Bar auch als Restaurant (à la carte 15–20 €).

*Muscheln und Cocktails* – **Le Crystal:** ■ **Karte 2, D 7**, 148, quai du Port, Metro: Vieux Port, 9–2 Uhr (So, in der Nebensaison auch Mo geschl.). Die Resopalpalthke im schwungvollen 50er-Look ist Anlaufpunkt für Nachtschwärmer, um zu später Stunde ein Glas zu trinken. Bis ca. 23 Uhr kann man zudem etwas essen, donnerstags etwa *moules-frites*. Unter den Cocktails ist der Mojito unerreicht.

*An Deck* – **Le Marlin:** ■ **E 7**, 7, pl. aux Huiles, Metro: Vieux Port, Di–So 17–2 Uhr. Innen ist das umtriebige Lokal wie ein Schiff eingerichtet – was man wegen des großen Andrangs von Gästen allerdings kaum wahrnimmt. Es geht hoch her, die Theke ist umkämpft, an ein Glas zu kommen, nicht ganz einfach. Der guten Stimmung tut's dank regelmäßiger DJ-Auftritte und Live Acts (ab 23 Uhr) keinen Abbruch. Als kleiner Happen werden Kémia (provenzalische Tapas) angeboten. Eine der nettesten Arten, in das Nachtleben von Marseille zu starten.

*Coolest place in town* – **Oogie!:** ■ **Karte 2, G 7**, 55, cours Julien, www.oogie.eu, Metro: Notre-Dame-du-Mont, Mo–So Bar-Brasserie 8.30–19, Do Nocturne mit DJ bis 23 Uhr. Das hippe Café am trubeligen Cours Julien gehört zu dem gleichnamigen Concept Store (s. S. 102) und rangiert mit seinem wöchentlichen DJ-Event ganz oben am Szenebarometer.

*Lange Theke* – **La Part des Anges:** ■ **Karte 2, F 8**, 33, rue Sainte, www.lapartdesanges.com, Metro: Vieux Port, Mo–Sa 9–2, So 9–13, 18–2 Uhr. Die lange Theke des Weinbistros (s. S. 97) ist außerhalb der Essenszeiten und zu später Stunde eine unumgängliche Station für Nighthopper. Ein Platz ist fast nie zu haben, der Service kommt kaum nach. Macht aber nichts, die Auswahl an of-

## Lebendige Theaterszene

Das Theater-, Konzert- und Tanzangebot ist enorm und umfasst große Häuser mit landesweiter Wirkung, alternative Kleinkunstbühnen sowie innovative Experimentalbühnen. Dahinter steckt zum einen politischer Wille: Bühnen wie La Criée oder Ensembles wie das Ballet de Marseille verdanken ihre Existenz der von Paris gesteuerten Dezentralisierung des Landes. Hinzu kommt die sehr mediterrane Freude der Marseillais am *spectacle*, was eine 200 Jahre alte Bühne wie das Théâtre du Gymnase und mehr noch die vielen Kleinkunstbühnen erklärt.

**Hier pulsiert das nächtliche Leben: am Cours Julien**

fenen Weinen und die gut gelaunten Mittrinker machen alles wett.

*Beim Ex-Boxer* – **Au Petit Nice:** ■ **G 7,** 28, pl. Jean Jaurès, Metro: Notre-Dame-du-Mont, Mo–Sa 6.30–2 Uhr. Das umtriebige Eckcafé (nicht zu verwechseln mit dem Gourmettempel Le Petit Nice!) mit der großen Terrasse ist so legendär wie sein Besitzer und Ex-Boxer Richard Caramanolis. Es gibt regelmäßg Livekonzerte. Lockere Atmosphäre, bunte Klientel.

## Theater und Tanz

*Innovativ* – **Ballet de Marseille:** ■ **Karte 3, D 5,** 20, bd. de Gabès, www.ballet-de-marseille.com, Metro: Rond-Point du Prado. Die Balletttruppe zählt zu den innovativsten im Land und widmet sich vorrangig zeitgenössischen Stücken.

*Oberliga* – **La Criée:** ■ **Karte 2, E 8,** 30, quai Rive Neuve, www.theatre-la-criee.com, Metro: Vieux Port. Bis 1975 wurde in der Belle-Époque-Halle am Vieux Port der Fischfang versteigert. Im heutigen **Théâtre National de Marseille** ist das Programm anspruchsvoll – das Haus zählt zu den besten Bühnen Frankreichs.

*Innovativ* – **Théâtre des Bernardines:** ■ **Karte 2, F/G 7,** s. S. 47.

*Hohes Niveau* – **Théâtre du Gymnase:** ■ **Karte 2, G 7,** 4, rue du Théâtre Français, www.lestheatres.net, Metro: Noailles. Das über 200 Jahre alte Theater mit dem herrlichen, stuck- und goldüberbordenden Saal ist eine der lebendigsten Bühnen der Stadt. Gezeigt werden Klassiker und Neuheiten, immer jedoch auf hohem Nivau. Kooperationspartner ist das renommierte Théâtre du Jeu de Paume in Aix.

# Sprachführer Französisch

## Allgemeines

| | |
|---|---|
| guten Morgen/Tag | bonjour |
| guten Abend | bonsoir |
| gute Nacht | bonne nuit |
| auf Wiedersehen | au revoir |
| Entschuldigung | pardon |
| hallo/grüß dich | salut |
| bitte | de rien/ |
| | s'il vous plaît |
| danke | merci |
| ja/nein | oui/non |
| einverstanden | d'accord |
| bis später | à plus tard |
| wie bitte? | pardon? |
| wann? | quand? |

## Unterwegs

| | |
|---|---|
| Haltestelle | arrêt |
| Bus | bus/car |
| Auto | voiture |
| Ausfahrt/-gang | sortie |
| Tankstelle | station-service |
| Benzin | essence |
| rechts | à droite |
| links | à gauche |
| geradeaus | tout droit |
| Zentrum/Stadtmitte | centre |
| Auskunft | information |
| Telefon | téléphone |
| Postamt | poste |
| Bahnhof | gare |
| Flughafen | aéroport |
| Stadtplan | plan de ville |
| Straße/Weg | route |
| alle Richtungen | toutes les directions |
| Einbahnstraße | rue à sens unique |
| Umleitung | déviation |
| Eingang | entrée |
| geöffnet | ouvert/-e |
| geschlossen | fermé/-e |
| Kirche | église |
| Museum | musée |
| Strand | plage |
| Brücke | pont |
| Platz | place |
| Hafen | port |
| hier | ici |
| dort | là |

## Zeit

| | |
|---|---|
| Stunde | heure |
| Tag | jour |
| Woche | semaine |
| Monat | mois |
| Jahr | année |
| heute | aujourd'hui |
| gestern | hier |
| morgen | demain |
| morgens | le matin |
| mittags | le midi |
| nachmittags | l'après-midi |
| abends | le soir |
| früh | tôt |
| spät | tard |
| vor | avant |
| nach | après |
| Montag | lundi |
| Dienstag | mardi |
| Mittwoch | mercredi |
| Donnerstag | jeudi |
| Freitag | vendredi |
| Samstag | samedi |
| Sonntag | dimanche |
| Feiertag | jour de fête |
| Winter | hiver |
| Frühling | printemps |
| Sommer | été |
| Herbst | automne |

## Notfall

| | |
|---|---|
| Hilfe! | Au secours! |
| Polizei | police |
| Arzt | médecin |
| Zahnarzt | dentiste |
| Apotheke | pharmacie |
| Krankenhaus | hôpital |
| Unfall | accident |
| Schmerzen | douleur |
| Zahnschmerzen | mal aux dents |
| Panne | panne |

## Übernachten

| | |
|---|---|
| Hotel | hôtel |
| Pension | pension |
| Einzelzimmer | chambre individuelle |
| Doppelzimmer | chambre double |
| Doppelbett | grand lit |

112

| | | | |
|---|---|---|---|
| Einzelbetten | deux lits | Größe | taille |
| mit/ohne Bad | avec/sans salle de bains | bezahlen | payer |
| Toilette | cabinet | | |
| Dusche | douche | **Zahlen** | |
| mit Frühstück | avec petit-déjeuner | 1 un | 17 dix-sept |
| Halbpension | demi-pension | 2 deux | 18 dix-huit |
| Gepäck | bagages | 3 trois | 19 dix-neuf |
| Rechnung | addition | 4 quatre | 20 vingt |
| Preis | prix | 5 cinq | 21 vingt et un |
| | | 6 six | 30 trente |
| **Einkaufen** | | 7 sept | 40 quarante |
| Geschäft | magasin | 8 huit | 50 cinquante |
| Markt | marché | 9 neuf | 60 soixante |
| Kreditkarte | carte de crédit | 10 dix | 70 soixante-dix |
| Geld | argent | 11 onze | 80 quatre-vingt |
| Geldautomat | guichet automatique | 12 douze | 90 quatre-vingt-dix |
| Bäckerei | boulangerie | 13 treize | 100 cent |
| Lebensmittel | aliments | 14 quatorze | 150 cent cinquante |
| teuer | cher/chère | 15 quinze | 200 deux cent(s) |
| billig | bon marché | 16 seize | 1000 mille |

## Die wichtigsten Sätze

**Allgemeines**
**Sprechen Sie Deutsch/Englisch?**   Parlez-vous allemand/anglais?
**Ich verstehe nicht.**   Je ne comprends pas.
**Ich spreche kein Französisch.**   Je ne parle pas français.
**Ich heiße …**   Je m'appelle …
**Wie heißt Du/heißen Sie?**   Comment t'appelles tu/vous appellez-vous?
**Wie geht's?**   Ça va?
**Danke, gut.**   Merci, bien.
**Wie viel Uhr ist es?**   Il est quelle heure?

**Unterwegs**
**Wie komme ich zu/nach …?**   Comment est-ce que j'arrive à …?
**Wo ist bitte …?**   Pardon, où est …?
**Könnten Sie mir bitte … zeigen?**   Pourriez-vous me montrer … ?

**Notfall**
**Können Sie mir bitte helfen?**   Pourriez-vous m'aider?
**Ich brauche einen Arzt.**   J'ai besoin d'un médecin.
**Hier tut es weh.**   Ça me fait mal ici.

**Übernachten**
**Haben Sie ein freies Zimmer?**   Avez-vous une chambre de libre?
**Wie viel kostet das Zimmer pro Nacht?**   Quel est le prix de la chambre par nuit?
**Ich habe ein Zimmer bestellt.**   J'ai réservé une chambre.

**Einkaufen**
**Wie viel kostet das?**   Ça coûte combien?
**Ich brauche …**   J'ai besoin de …
**Wann öffnet/schließt …?**   Quand ouvre/ferme …?

# Kulinarisches Lexikon

**Spezialitäten**

| | |
|---|---|
| aïoli | Knoblauchmayon-naise |
| anchoiade | Paste aus Sardellen, Olivenöl, Knoblauch, Kapern, Zitrone |
| bœuf en daube | in Öl angebratenes Rindfleisch an Rotweinsauce |
| bouillabaisse | Fischeintopf mit 5–6 Fischsorten, Meeresfrüchten, Brotcroûtons und Rouille |
| brandade de morue | Stockfischpüree mit Kartoffeln, Oliven, Knoblauch |
| cailette | in Mangold eingewickelte Lammfleischbällchen mit Pinienkernen |
| calissons … | Mandel- und Melonenplätzchen aus Aix |
| caviar d'aubergine | Paste aus zerstoßenen Auberginen und schwarzen Oliven |
| daube (provençale) | Schmorbraten (geschnetzeltes Rindfleisch mit Paprika, Zwiebeln, in dunkler Sauce) |
| fleurs de courgettes farcies | gefüllte Zucchiniblüten |
| fougasse (auch fouace) | Hefebrot mit Kräutern und Oliven (eingebacken); süße Variante: mit Orangenblüten aromatisiertes Gebäck |
| lapin à la provençale | Kaninchen (auf provenzalisch, in Senf an Weißweinsauce) |
| navettes | mit Orangenblüten aromatisierte Plätzchen in Form einer Barke |
| petits farcis | verschiedene junge Gemüse mit Füllung |
| pieds et paquets | mit Knoblauch, Fleisch, Petersilie gefüllte ›Päckchen‹ aus Lammpansen und Schweinefüßchen |
| ratatouille | Gemüseeintopf mit Olivenöl und Knoblauch |
| rouille | sehr scharfe Knoblauchmayonnaise mit Peperoni und Chili |
| soupe au pistou | Gemüsesuppe mit roten und weißen Bohnen sowie einer Basilikumpaste aus Peperoni und Chili |
| supions au persil | kleine frittierte Tintenfische mit Petersilienkruste |
| taboulé | nordafrikanisches Grießgericht, oft kalt als Salat mit viel Minze und Tomaten |
| tapenade | Paste aus pürierten Oliven, Sardellen, Olivenöl |

**Fisch und Meeresfrüchte**

| | |
|---|---|
| anchois | Sardellenfilet |
| bar | Seebarsch |
| coquillage | Schalentier |
| daurade | Dorade, Goldbrasse |
| espadon | Schwertfisch |
| gamba | Garnele |
| homard | Hummer |
| huître | Auster |
| langouste | Languste |
| langoustine | Scampi |
| lotte de mer | Seeteufel |
| moule | Miesmuschel |
| rascasse | Drachenkopf |
| rouget | Rotbarbe |
| saint-pierre | Petersfisch |
| sardine | Sardine |
| saumon | Lachs |
| seiche | Sepia |
| thon | Thunfisch |

**Fleisch**

| | |
|---|---|
| agneau | Lamm |
| cabri | Zicklein |
| carré (d'agneau) | (Lamm-)Rücken |
| côte de … | Rippenstück vom … |
| entrecôte | Zwischenrippenstück |
| gigot (d'agneau) | (Lamm-)Keule |
| porc | Schwein |
| veau | Kalb |
| tripes | Kutteln |

**Geflügel und Wild**

| | |
|---|---|
| foie gras | Stopfleber |
| gésier | Geflügelmagen |
| magret de canard | Entenbrust |
| poule | Huhn |
| poulet | Hähnchen |
| sanglier | Wildschwein |

**Gemüse und Kräuter**

| | |
|---|---|
| ail | Knoblauch |
| artichaut | Artischocke |
| avocat | Avocado |
| basilic | Basilikum |
| blette | Mangold |
| câpre | Kaper |
| cèpe | Steinpilz |
| courgette | Zucchini |
| fenouil | Fenchel |
| fleur de courgette | Zucchiniblüte |
| herbes de provence | Kräuter der Provence |
| marjolaine | Majoran |
| menthe | Minze |
| oignon | Zwiebel |
| pistache | Pistazie |
| poivron | große Paprika |
| sariette | Bohnenkraut |
| sauge | Salbei |
| thym | Thymian |
| truffe | Trüffel |

**Obst**

| | |
|---|---|
| abricot | Aprikose |
| cerise | Kirsche |
| figue | Feige |
| fraise (de forêt) | (Wald-)Erdbeere |
| framboise | Himbeere |
| melon | Honigmelone |
| pastèque | Wassermelone |
| pêche | Pfirsich |
| poire | Birne |
| pomme | Apfel |
| raisin | Weintraube |

**Käse**

| | |
|---|---|
| banon | Ziegenkäse im Kastanienblatt |
| brebis | Schafskäse |
| cabécou | kleiner Ziegenkäse |
| chèvre | Ziegenkäse |
| fromage blanc | Quark, Frischkäse |
| picodon | Ziegenkäse der Haute-Provence |

**Nachspeisen und Gebäck**

| | |
|---|---|
| calisson | Mandel-Melonen-Plätzchen |
| charlotte (aux fraises) | Dessert aus Löffelbiskuits mit Cremefüllung (und Erdbeeren) |
| coupe de glace | Eisbecher |
| crème chantilly | Schlagsahne |
| fruits confits | kandierte Früchte |
| gâteau | Kuchen |
| île flottante | Dessert aus Eischnee in Vanillecreme |
| meringue | weiches Baiser |
| tarte au citron | Zitronentorte |

**Getränke**

| | |
|---|---|
| bière (pression) | Bier (frisch gezapft) |
| café | Kaffee |
| eau gazeuse/plate | Mineralwasser mit/ohne Kohlensäure |
| jus | Saft |
| lait | Milch |
| thé | Tee |
| tisane/infusion | Kräutertee |
| vin blanc/rouge | Weiß-/Rotwein |
| vin mousseux | Sekt |

## Im Restaurant

**Ich möchte einen Tisch reservieren.**  Je voudrais réserver une table.
**Die Speisekarte, bitte.**  La carte, s. v. p.
**Die Rechnung, bitte.**  L'addition, s. v. p.

# Register

# Register

# atmosfair

## Das Klima im Blick

Reisen bereichert und verbindet Menschen und Kulturen. Wer reist, erzeugt auch $CO_2$. Der Flugverkehr trägt mit einem Anteil von bis zu 10 % zur globalen Erwärmung bei. Wer das Klima schützen will, sollte sich für eine schonendere Reiseform (z. B. die Bahn) entscheiden – oder die Projekte von *atmosfair* unterstützen. *Atmosfair* ist eine gemeinnützige Klimaschutzorganisation. Die Idee: Flugpassagiere spenden einen kilometerabhängigen Beitrag für die von ihnen verursachten Emissionen und finanzieren damit Projekte in Entwicklungsländern, die dort den Ausstoß von Klimagasen verringern helfen. Dazu berechnet man mit dem Emissionsrechner auf *www.atmosfair.de,* wie viel $CO_2$ der Flug produziert und was es kostet, eine vergleichbare Menge Klimagase einzusparen (z. B. Berlin – London – Berlin 13 €). *Atmosfair* garantiert die sorgfältige Verwendung Ihres Beitrags. Klar – auch der DuMont Reiseverlag fliegt mit *atmosfair!*

## Autor | Abbildungsnachweis | Impressum

### Unterwegs mit Klaus Simon

Als Romanistik-Student landete Klaus Simon in den späten Achtzigern für ein Austauschjahr in Frankreich. Seitdem bereist er unser Nachbarland an über hundert Tagen pro Jahr. Seine Lieblingsstadt Marseille steht regelmäßig auf dem Programm. Klaus Simon schreibt u. a. für die Magazine GEO Saison, Brigitte, Der Feinschmecker und die FAZ — über Frankreich, natürlich. Im DuMont Reiseverlag hat er die Reise-Handbücher Provence-Côte d'Azur, Languedoc-Roussillon, die Reise-Taschenbücher Burgund und Normandie, die Direkt-Bände Provence, Côte d'Azur, Normandie und den Bildatlas Paris geschrieben.

### Abbildungsnachweis

laif, Köln: 44, 53 (Desmier), 47 (Deya), 78/79 (Gaillarde), 104, 108 (Garde), 80, 81 (Guichaoua/Hoa-Qui), 84/85 (hemis.fr/Colin), Umschlagklappe vorn, 7, 15, 36, 37, 51, 55, 60, 63, 64, 67, 70, 72, 73 (hemis.fr/Moirenc), Umschlagrückseite, 26/27, 31, 111 (Knechtel), 11, 41, 50 (Lange), 58 (New York Times/Redux), 32 (Renaudeau/Hoa-Qui/Eyedea), 90, 93 (Zudres)

Schapowalow, Hamburg: Titelbild (Harding)
Klaus Simon, Köln: 39, 86, 98, 100, 120
Ville de Marseille: 4/5

### Kartografie

DuMont Reisekartografie, Fürstenfeldbruck
© DuMont Reiseverlag, Ostfildern

### Umschlagfotos

Titelbild: Fischmarkt am Vieux Port, dem alten Hafen
Umschlagklappe vorn: Straßenszene im Viertel Le Panier

**Hinweis:** Autor und Verlag haben alle Informationen mit größtmöglicher Sorgfalt geprüft. Gleichwohl sind Fehler nicht vollständig auszuschließen. Alle Angaben erfolgen ohne Gewähr. Bitte schreiben Sie uns! Über Ihre Rückmeldung zum Buch und Verbesserungsvorschläge freuen sich Autor und Verlag:
**DuMont Reiseverlag,** Postfach 3151, 73751 Ostfildern,
info@dumontreise.de, www.dumontreise.de

1. Auflage 2011
© DuMont Reiseverlag, Ostfildern
Alle Rechte vorbehalten
Redaktion/Lektorat: Susanne Völler
Grafisches Konzept: Groschwitz/Blachnierek, Hamburg
Printed in Germany